科学经济学

—— 建立在公理体系之上的经济学

◎ 谢朗　著

Lang Xie, the Author

Scientific Economics——Economics built on Axioms System

ISBN: 978-1-957144-78-8

书名：科学经济学——建立在公理系统之上的经济学

Title: Scientific Economics——Economics built on Axioms System

著者：谢朗

The Author: Lang Xie

封面设计 :Kido

版式设计 :Kido

本书由美国 Asian Culture Press LLC 出版

地址：Asian Culture Press LLC, 1942 Broadway, Suite 314C,

　　　Boulder, CO 80302, United States

邮箱：info@asianculture.press

Printed and bound in the United States of America

字数：76 千字

版次：2023 年 4 月第 1 版

国际标准书号：978-1-957144-78-8

序　言

　　由于环境的影响，笔者在少年之时就开始阅读哲经史政方面的书籍。从"九评"的阅读开始直至阅读和收集了当时马克思、恩格斯、列宁、斯大林的全部著作甚至包括《鲁迅全集》十卷。学习了《资本论》、前苏联的教科书、《马克思主义哲学原理》、《政治经济学（第二版）》以及许多相关的书籍。因为后来热衷于安装半导体收音机，兴趣逐渐转移到了无线电及数学等理工科方向。但是这样的经历使得笔者在那时就对经济学尤其马克思主义的经济学理论有了一个基础的认知和认同。

　　八十年代初期，当笔者在天津某大学数学系读研期间，某日偶见校园海报告知一位当代赫赫有名的美国大经济学家在本校举办一场学术讲座。抱着权且一游的心态笔者去聆听了此位权威大咖的讲座。权威大咖在介绍了若干概念后便列举了诸多图表和数学公式，经过一番表述与论证后便貌似深沉且傲然的宣称道：至此我们用严谨的数学证明了马克思主义的核心理论是错误的。令笔者难以忘怀的一幕出现了，整个会场响起了持久且喧嚣的掌声，每个鼓掌者的脸上都洋溢着大道得悟的兴奋表情。听众主要是本校各系的本科生和极少的研究生，那时这个学校的研究生也就不过百十多名。而笔者是当时听众中唯二的数学系研究生之一。对于马克思理论是知道一些的，对于权威大咖使用的数学工具是驾轻就熟的，可是笔者并没有听明白权威大咖的证明过程。可以肯定所有鼓掌者中没有一个是听明白了这位权威大咖的证明，因为那个证明本身就是错误的，听明白也就自然不会鼓掌了。但是由国际鼎鼎著名的权威大咖宣称主张，又是在国内著名高等学府的庄严学术讲座上，再加上在场几乎所有天之骄子亢奋的鼓与呼。不可否认在此种氛围下许许多多的听众就被彻底洗脑了，而且许多人是一辈子无可康复的洗脑。这位权威大咖当年可是被中国诸多高校邀请，想来相似的场景和效果也会在其它多所院校重演。其实经历过那个年代的中国人恐怕都见识过类似的洗脑仪式，只不过面对不同对象，洗脑的方式会形形色色、风格各异而已。虽然这次讲座没有听懂什么，但是让笔者知道了曾经被马克思称之为庸俗经济学的学派已经被西方人发展为可以娴熟使用微积分的学派了，也因此在笔者心中埋下了一个兴趣的种子。

九十年代初期，西方经济学这门课程开始迅速的进入中国各高等院校的课堂，那时笔者在一所大学任教，为了适应潮流，笔者所在的数学系主任安排笔者去一所财经大学取经西方经济学，而后笔者在系里开设了一个学期的西方经济学课程。由于授课的原因使得笔者翻阅了若干西方经济学的教科书与著作，从而也对西方经济学理论有了进一步的了解。虽然西方经济学模仿科学理论设定了一个资源稀缺公理和三个所谓前提假设：理性人假设、完备信息化假设、完全竞争假设。理性人假设有些许道理，但也仅仅是定性化的假设，实际应用中有着不可避免的尴尬。而另外两个假设就是在现实中处处碰壁的假设了。而真正蕴含在西方经济学理论中的基本前提是：私有制永恒与剥削有理。总而言之统而言之，西方经济学本质上仅仅是为现代资本社会涂脂抹粉歌功颂德的御用学说。

理科生的习惯就是深抠概念与深深挖掘基础前提。只要概念清晰、前提明确，那么命题推导与公式演绎的结论也就随之而来了。本书的由来便是如此。十余年前笔者曾经将部分简化内容在网上发布，吸引了一些同道者，而本书《附录一 一种在线统计群体满意度的方法》便是在这些同道者的支持帮助下于2012年申请2015年获批的一个发明专利书。此专利是本书一个极其重要分支理论的应用。而本书《附录二 Introduction to Justice Theory and its Application ------ An Online Statistic Tool for Measuring Customer Satisfactory》是笔者与好友及同学袁敖先生（现为美国乔治·华盛顿大学教授）合作的论文，此论文是为此分支理论奠定坚实的数学基础。

笔者以科学理论的框架和方法来写作本书，众所周知科学理论中的所有概念都是明晰确定的，而人文学说中的词汇通常是歧义和混乱的。所以本书在以公理形式引入满意度这个本元概念后，从这个本元概念出发先后定义了文化、文明、公正、民主、德治、自由、公平诸概念，以避免人文学说中概念歧义混乱的通病。而且更进一步可以发现这些概念不仅可以被严格准确定义，还是可以被量化的概念。

为了简短，本书就是以所有数学、科学的公理体系总和再加上四个简单到人人都可以验证的人文公理为前提系统以数学为辅助工具来证明如下结论：人类社会只要尊重科学，那么人类社会最终必然能够成为消灭内耗的理性群体，成为一个始终以人类群体最大利益和最大满意度为目的的平等、公正、公平、理性、自由且按价交换、按劳分配的社会。

特别要提及的是深圳网友韩李宾先生，正是因为他承诺本书全部文字、公式、图表的编辑、整理、排版工作，才使得笔者有动力写作此书，本书所有章节的小目录都是韩李宾先生完成的。而且本书的出版事宜也是都由韩李宾先生代理联系。在此笔者对韩李宾先生的这些帮助表示深深的感谢。

谢朗

2023.03.09

目　录

第一章
关于人的需求层次

1.1 人的需求、欲求与幻求

根据某著名精神分析专家的人格分析理论：社会人有三个不同层次的"我"：本我、自我、超我。实际上该学家所说的这三个"我"可以直白的翻译为："本能我"、"现实我"、"道德我"，而所谓"现实我"仅仅是在"本能我"驱动又被"道德我"约束情况下社会成员的具体社会表现而已，所以"现实我"的"良知"永远高于"本能我"和低于"道德我"。众所周知，所谓**道德**就是在具体时期的社会条件下，社会意识关于事物的对错标准。显然社会道德标准是随着社会发展而变化的，昨天被道德认为错的事情在今天也许就被道德认为是对的，所以社会成员的"道德我"也总是与时俱进的。什么时候开始有人类了呢？也许 700 万年前，也许 200 万年前。但是当人类产生那一刻之前的那些生命体肯定不具有和"本能我"可区分的"道德我"和"现实我"。对那些生命体而言，本能我、现实我、道德我是重合在一起的。人之所以成为人，就是因为三个"我"出现了分离，随着社会的发展这种分离越来越明显，"道德我"与最初的"本能我"距离也越来越远。稍微熟悉一点历史的人都容易知道，今日人类的道德标准不仅与远古和古代人类大相径庭，就是和近代黑奴殖民时期也是天壤之别。伴随着"道德我"发展，"本能我"也随之发展，位于"本能我"和"道德我"之间的"现实我"也随之与原来的"本能我"越来越远。那么人类的"道德我"是否有发展终结的时候呢？笔者相信有，姑且把这个终结称之为"理性我"。

正如人类产生始于"本能我"、"现实我"、"道德我"的三位一体，那么人类消灭自身进入下一个进化物种之日将是人类的"现实我"、"道德我"、"理性我"完全重合之时。正如具有社会性的人类已经彻底丧失了植物生命的所有特征，未来物质运动世界产生的更高级形态也必将彻底丧失动物生命的所有特征，起码丧失兽类的本能特征。

可以说社会人都具有"本能我"、"现实我"、"道德我"、"理性我"四重性。

"本能我"是人格的感性共性。

"现实我"是人格的个体性。

"道德我"是人格的理性特性。（即部分性）

"理性我"是人格的理性共性。

本质上"现实我"就是人格理性与人格感性这二类普遍共性的混合另类个体，但其理性低于自身的"道德我"，感性少于自身的"本能我"。

定义：一个行为主体，可以是个体或者是群体，通过自身努力可以实现的对外部之要求称之为这个行为主体的**需求**。

比如一个月入五千元的城市居民希望每个月都能有两餐火锅便是该居民的需求，对于今日人类而言，希望能有登陆器在月球上软着陆也是今日人类的需求。

定义：如果一个行为主体依靠自身努力也无法实现，但是外部世界又能提供实现的要求称之为**欲求**。

比如一个月入五千元的城市居民希望无负债的购买千万价格的住房，或者今日人类希望登陆月球生活的要求都只能属于欲求。一个是社会能够马上提供实现的欲求，一个是未来人类社会能够提供实现的欲求。但却都是其个人或人类群体现在无法实现的要求。

定义：一个行为主体对外部世界，无论现在还是将来，都不可能被实现的要求称之为**幻求**。

比如一个居民希望驾驶私家车登陆月球的要求就是幻求。

1.2 人的需求层次

参考某心理学家的人性需求论，我们根据人具有本能我、现实我、道德我及理性我的这个特性可以将人性的需求归为四类七层次。即：

（○）生命体的本元需求：生存与繁殖。

（一）本能我需求：

（1）基本生存需求：氧气，阳光，水，食物，适宜的温度，气压，湿度，以及养眼的景色悦耳的声音等等，简言之 -- 衣食住。

（2）生存质量与保障需求：即舒适性与时空性，时间性在于生存需求获取的稳定与安全，空间性在于生存领域的广延。简言之 -- 优行安，或曰健由寿。

（二）道德我需求：

（1）群体感需求：责任，友谊，真情，信任，关爱等，简言之 -- 个体与群体间的"亲和感"需求。

（2）荣誉感需求：被信任，被认同，被尊重，被赞扬等，简言之 -- 个体在群体中的"成就感"需求。

（三）理性我需求：

（1）天人和谐的需求：认识世界认识自然，与天同乐的需求。

（2）与天同齐的使命感需求：优化自我，完善自我，优化社会，完善社会，优化自然，完善自然的需求。

（一）（二）（三）层次的需求是所有社会人共有的，但仅仅（一）（二）层次需求是所有社会人显性具有，而第（三）层次需求只有社会的部分成员显性具有，但始终被人类社会显性具有。如果我们接受"人民，只有人民才是创造历史的动力"这一论断，那么则可以给出人民这个概念的一个广义定义。**人民**并非是某些民众或某一时期的全部人，人民是古往今来所有社会人"理性我"需求的共性。

1.3 什么是财富

定义：但凡能够满足人们需求的事物则称之为**财富**，反之，阻碍或者损害人们需求满足的事物称之为**灾疫**。

有一些事物在某些人眼里是财富，但是在另一些人眼里却是灾害。所以判断某个事物是否财富取决于判断者所站的角度。是个人的角度还是群体的角度。在本书中只要不做特别说明，永远都是立足于整个群体的角度来做判断。

1.4 人的需求层次与品位

能够直接满足人们第（一）层次需求的事物基本是物资资源类财富，在享用这些财富过程中，除非财富极其充盈，否则人与人之间便是你多我少，你有我无的关系，也既"他人即地狱"的关系。所以在第（一）层次财富需求的获取上，人们都表现的非常物欲与自私。

如果希冀得到第（二）层次需求的满足，那么社会成员就必须给予他人快乐和满足，或者说是对其他成员甚至整个社会有奉献。所以在第（二）层次财富需求的获取上，人们表现的是无物与利他。

而在第（三）层次财富需求的获取上，人们需要的是合作，表现的是物我两忘的至人状态。

因此我们不能断言社会人究竟是自私、利他抑或是不以物喜，不以己悲的至人境界。因为这取决于他在追求哪个层次的财富。所以人们经常用"品味"一词来形容一个人的境界。如果某人的低层次需求占据了他的全部需求或者其中的绝大比例，那么此人通常被他人认为低品味，反之则被认为是高品味。

第二章
满意度、厌恶度与货币

2.1 满意度的概念以及对财富的满意度赋值

上一章由人的需求引入了财富的概念，经济学的对象就是财富，所谓经济学本质上就是关于财富的学说。我们已经知道财富的共性就是能够满足人们的需求，但是不同财富的数量或者不同品种的财富所给予人们的满足程度是不同的。所以为了刻画和度量这种满足的程度我们引入概念：

定义：满意度是关于人们从财富享用中获取满足程度的度量。

显然不同于温度、速度、硬度这些客观的物理量，满意度是一个主观的度量。同一个财富对于不同的社会成员所提供的满意度通常是不相同的。甚至对于同一个人在其不同状态不同境况下也是不同的。

比如一位人士刚刚开支了五千元去网络商店购物，他花十元钱买了个台灯，一千元买了个四十二英寸彩电，八元钱买了一瓶牛肉辣酱还有十元钱买了五斤白萝卜。他为什么买这些东西而且只买这些东西呢？因为依他当前的状态他认为这些商品给他带来的满意度超过这些商品的价格，而其它的商品做不到这一点。由此可知，每一个顾客之所以愿意支付一定数量的货币去购买某个商品，其缘由都是因为该顾客主观判断这个商品将提供给他超过他支付货币数量的满意度。反之亦然。显然每个顾客都是用货币量来度量商品给予自身需求的满意度的。第二天这位人士也许又支付了二十元钱购买了二十个咸鸭蛋，表明在另一个时刻他又判断这些咸鸭蛋会给予他大于至少等于二十元钱的满意度，虽然在前一天他还不以为如此。这说明即使同一个人在不同时间不同境况下，他对财富商品可以给予自身满意度的判断都是变化的。或者说针对具体的商品，人们对这个商品的满意度赋值是存在周期的。例如一个电视机的周期是八到十年，一个手机的周期是一到三年，而一瓶麻辣酱的周期是十天左右，而一捆蔬菜的周期仅仅一天。也既人们的赋值周期与商品的消费周期是重合的。某人是否会购买某个商品取决于此人对该商品的满意度赋值是否大于该商品的价格，只要在赋值周期内他的赋值有大于该商品价格的时间，他就将成为该商品的购买者和消费者。通常情况下，个人对某商品的满意度赋值在不同周期也基本是一致的。许多人对于商品的需求不止一个，甚至是好几个，但是却只购买一二个，因为其后的商品价格已经超出了他的满意度赋值，也既，人们对数量增多的商品满意度赋值通常是递减的。所以经常可以看到人们十元的商品只购买一件，但是当商家实行二件 95 折后就会购买第二件。说明购买者给予第二件此商品的满意度赋值超过了九元。假设某人 A_i 以消费者的角度在消费周期内对某商品 w 第一件的最大满意度赋值是 a_1，而对第二件的最大满意度赋值是 a_2……。记

$$A_i(w) = \{a_{i1}, a_{i2}, a_{i3}, \cdots, a_{in}, \cdots\}$$

虽然这个集合看上去是一个无限集合，但是在若干数目后的 a_{in} 将会是微不足道的数值了。

令 E 是一个有限或可数的数字集合，记

$$\sup(E, 1) = \{e_1 = \sup\{E\}\},$$

$$\sup(E, n) = \{e_1, e_2, \cdots e_n, e_n = \sup\{E - \sup(E, n-1)\}\},$$

再记 $E^* = \sup\{E - \sup(E, \infty)\} = \{e_1, e_2, e_3, \cdots, e_n, \cdots\}$ 称之为集合 E 的序化集。对集合 E^* 显然有 $e_1 \geq e_2 \geq e_3 \geq \cdots \geq e_n \geq \cdots$。

设 $B = \{A_1, A_2, A_3, \cdots, A_n, \cdots\}$ 是一个群体集合，可以说某个地域的所有人员，也可以是某些团体的所有人员或者是任意方式规定的一群人员的集合。

如前所述 $A_i(w)$ 是成员 A_i 关于商品 w 的满意度赋值。令 ∪ 表示集

合的并，做集合 $B(w) = \{\cup A_i(w), A_i \in B\}^* = \{b_1, b_2, \cdots b_n \cdots\}$

其中 $b_1 \geq b_2 \geq b_3 \geq \cdots \geq b_n \geq \cdots$

称 $B(w)$ 为群体 B 关于商品 w 的满意度赋值，是群体对商品 w 一个度量的判断观念。可以看出不论是 $A_i(w)$ 还是 $B(w)$ 只要将相邻两点用线段连接，它们都可以被近似的理解为如图 2-1 以 0 为下确界的递减曲线形态。

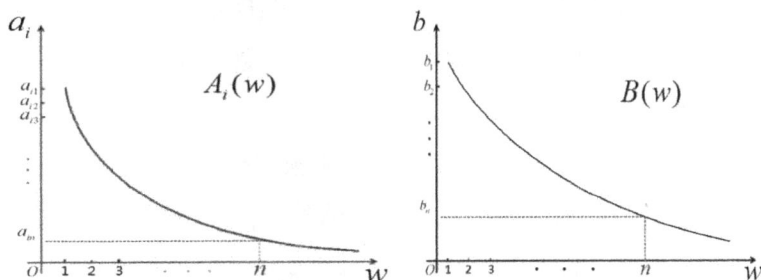

图 2-1

由图 2-1 可以看出，如果在每个消费周期商家只能向这个群体提供 n 个 w 商品，那么商家若把商品价格定为 b_n，则商品 w 一定能够售罄。再考虑到时间差别，地域差别，商家总有机会实行各种歧视性销售，所以商品 w 的平均销售价格肯定是会高于 b_n 的。

假如 W 是所有商品的集合，即如果 w_i 是商品，则 $w_i \in W$，我们**定义：** $B(W) = \{B(w_1), B(w_2), \cdots B(w_n)\cdots, w_i \in W\}$，是以 $B(w_i)$ 为元素的集合，我们将这个集合称之为群体 B **的商品财富观**。

其实在商品社会时代，除了可以取之不尽，用之不竭的阳光与空气之外，但凡被人们需求的事物都已经被官家和商家用来收税或者明码实价的当作商品用来销售了。所以 $B(W)$ 定义域的 W 可以扩张为所有财富的集合。则集合 $B(W)$ 也可以直接称之为群体 B 的财富观，因为这个集合就是群体 B 对每一种财富都赋予了量化表达的总和。

也许很多人以为上面财富赋值集合 $B(W)$ 都是针对物理存在的财富事物，其实不然。群体的赋值集合不仅仅只对物质财富赋值，对无形财富、精神财富依然赋值。比如万有引力定律这一揭示自然界规律的命题对人们的生产实践是有益的，是满足人们认知自然这个需求的无形财富和精神财富。那么群体应该如何对于这种精神财富赋值呢？可以有如下两种赋值方法。

（1）定性赋值法：首先赋值此命题真，并且可以用赋值其为几星级真命题来表明该命题的重要程度。比如规定万有引力定律是五星级真命题，榆木比重为 0.68 是一星级真命题，某本书是某某年出版是 0.1 星级的真命题等等。

（2）定量赋值法：由于掌握这种命题有益于群体，因此群体需要传授承续这种认知。如果以年为赋值周期，计群体每年为教授传播这一认知所支付的成本为 x，包括群体支付的相关教育经费支出与学子为学习这个知识所支出的学费。则赋值这个命题这一年的满意度是 $\lambda \cdot x$。显然这也是以货币计量的数值。此处 λ 为群体本年的价值系数，我们将在后面给出明确定义。

当然对于相信地球是宇宙的中心，甚至相信大地是平直的群体也许会认为万有引力定律为假命题并且赋值为负满意度的命题。毕竟群体的每个赋值都在表达自己的认知层次和认知水平。

不仅仅对自然的认知判断给予赋值，面向社会，群体依然对自身人际关系伦理关系会形成诸多认知命题。例如是否应该人人平等、尊老爱幼、是应该以德报怨还是以直报怨，是应该锄强暴扶良弱还是以强暴者为尊为王等等。群体对于这方面的所有命题也都可以类似于群体关于自然认知命题的赋值那样实行定性或者定量赋值。两者赋值的区别是：对于自然认知命题群体实行真假标注，而对社会认知命题实行对错标注。

对于认真的读者应该很容易理解这种区分的理由。

2.2 厌恶度与灾疫的概念以及对灾疫的厌恶度赋值

我们希望将群体赋值 $B(W)$ 集合的定义域 W 继续扩张成为任何事物，也既不仅仅是所需求的财富类事物，也包括人们排斥、不喜欢的事物，以及某些两相性的事物。既让一些人认为是需求的有益事物但同时又被另一些人认为是讨厌的有害事物。比如下雨可能就让农村人喜欢，因为有利于自家农作物的生长，可是却被很多城市人反感，认为耽误了自己的出行。

我们称被人们排斥和不喜欢的事物为灾疫，有些灾疫如商品一样可以实施于个人，例如生病。某些灾疫却会普及某个群体所有成员，例如恶劣的天气。以后我们用厌恶度一词作为满意度的反义词来度量刻画人们对灾疫的厌恶程度。

前面我们之所以可以构造一个群体对商品 W 的赋值集合 $B(W)$，是因为商品都是具有单位的可度量事物。那么灾疫事物或者两相性事物是否也都可以定义为具有单位的可度量事物呢？答案是肯定的。在面对灾疫事物，人们总是会尝试方法去削弱减少灾疫事物带给人们的损害，而这种方法就是人们所需求的事物。因此是可以被度量的，从而也从反面证明了灾疫事物都是可以被度量的。比如对于疾病人们愿意花钱去医治，对于洪涝群体也愿意投入成本去防范，这些都是基于人们认为他所投入的财富成本能够抵消减少灾疫引发的更多厌恶度。比如对于开车闯红灯和公共场所抽烟的行为，人们会采用具体数目的罚款额来度量这种灾疫行为给群体带来的厌恶度。也许会有人疑问是否偷窃、抢劫、欺骗、撒谎这样的行为也有办法给予量化呢？其实罚款、拘留、甚至处以刑期就是针对这些灾疫行为的厌恶度度量。以后我们将用财富函数来更明确的阐述这一点。

假如 W 是一个能够普及群体所有成员或者某子群体成员的有益或灾疫事物，$A_i(w) = \{a_{i1}, a_{i2}, a_{i3}, \cdots, a_{in}, \cdots\}$ 是成员 $A_i \in B$ 对该事物的满

意度或厌恶度赋值，则群体 A 对该事物的满意度或厌恶度赋值即为：

$$A(w) = \left\{ \sum a_{i1}, \sum a_{i2}, \sum a_{i3}, \cdots\cdots, \sum a_{in}, \cdots\cdots \right\}$$

假如 w 是一个可以实施于个体的灾疫事物，那么群体可以类似于满意度赋值的方式建立对 w 的厌恶度赋值集合。

假如 w 是一种两相性事物，群体 $B = B_1 \bigcup B_2$。可以分解为两个子群体，其中 B_1 群体成员认为 w 是财富事物或者是无益也无害的事物，B_2 群体认为 w 是灾疫事物，$B_1(w)$ 和 $B_2(w)$ 分别是群体 B_1 和群体 B_2 给予 w 的满意度和厌恶度的赋值的集合。则 $B(w) = \{B_1(w), B_2(w)\}$ 记为群体 B 对事物 w 的赋值集合。

2.3 群体的文化观、文化体系
与子文化体系的概念及其数学表达

至此我们可以得到如下

定义：设 W 是群体可以感知的所有事物集合，称 $B(W)$ 为群体 B 的文化量化表达集合，也可以称之为群体 B 的**文化观**。

下面我们来解释一下为什么将数字集簇 $B(W)$ 称之为群体的文化观。

什么是文化，文化这一概念是如何定义的呢？翻阅国内 89 年版《辞海》关于文化一词的定义为：广义是人类历史实践所创造的物质财富和精神财富的总和，狭义是社会意识形态以及相适应的制度和组织结构。如果查阅相关书籍或百度的话，虽然林林总总叙述不同，但是其意思也都差不多。总之不论广义的把文化归结为财富的总和还是狭义的等同于意识形态都是无法自圆其说的。文化不仅仅是财富，糟粕文化也是文化的一部分，而糟粕文化却是灾疫。文化不仅仅是意识形态，意识形态属于上层建筑，民间文化显然不属于上层建筑。

文化必然以具体的某个群体为其载体，现在利用前面所介绍的集合 $B(W)$ 来给出文化这个概念的

定义：在时期T，记$B(W,T)$为满足以下条件的集合：

$B(W,T)$是$B(W)$的子集合。

$B(W,T)$实现了门类化，条理化，层次化。

简单独立性条件：$B(w) \in B(W,T)$，因为每一个$B(w)$都表示群体的一个认知判断，所以可以将其看作一个命题。任何$B(w)$都不能成为$B(W,T)$中其它若干元素（命题）的简单推论。

则称$B(W,T)$为$B(W)$的体系化，也称为群体B的文化体系。

同理也可以如此定义**子文化体系**，例如饮食文化体系，服饰文化体系，礼仪文化体系等等。如W_1是所有关于饮食方面的事物集合，则称$B(W_1,T)$为群体B的饮食文化体系。

在上面定义里我们不要求$B(W,T)$满足协调性或者自洽性。也既允许$B(W,T)$中互相矛盾的命题同时存在。因为迄今为止所产生的所有文化体系都存在自相矛盾的命题。而在当今这些矛盾性几乎都是出现在人文学说的认知中。只有当群体进入到理性群体阶段，那时的文化体系才可能实现协调和自洽。

不论是整个人类群体还是人类群体的某个具体子群体甚或是个人，在其自身生存生活生产实践中，总是会从以人为本或者以己为本的立场对所有事物根据与己的利害关系来形成好坏判断。能够满足自己需求对己有利的事物定义为好，让自己排斥对己有害的事物定义为坏。并且用度量的满意度和厌恶度来刻画事物好坏的程度。

对于能够满足自身第一层次需求的那些物理存在的物质类事物，例如粮食衣服住房等等，人们都可以用价格来标识这些事物在具体时期内所对应的满意度，不仅对商品如此，对所有财富类事物也都能够如此。

对于第二层次的亲和感成就感需求，人们在长期的社会生产社会生活中也日复一日的积累了丰富的经验和感悟，总结概括了诸多箴言哲理以及处理人际关系的原则规则和技巧。并且形成许多相关人文学说用来指导群体人际之间的驭牧、管理、组织和协调。并且这些认知也导致了群体的诸多传统与习俗。

对于第三层次的认知自然优化自然的需求，人们也在生产生活实践中揭示发现了许多自然界的客观规律，并且形成了系统的数学理论、科学理论以及诸多以科学理论指导的工程技术理论，并以这些理论指导来提高人们生产创造各种财富的效率。

人们习惯于将自己群体关于二三层次需求所形成的认知当作精神财富，并且通过传播继承这些认知所支付的成本来直接或者间接的对其财富性赋值。例如专利知识技术的直接价格买卖或者某种认知学说和技术理论的课堂传授。总而言之，一个群体关于满足人们一二三层次需求的财富的分类、赋值体系总和就是该群体的文化体系。显然，任何群体的文化体系是该群体对于所有事物的利害、真假、对错、善恶、美丑的评判体系，也是该群体行为的思想指导体系。

文化与文明是两个关联性非常高的概念，可以这样总结：文化是人类群体面对外部世界条理化的认知系统总和，而文明是人类群体以自身文化认知为指导对外部世界改造和建设的成果。在我们推导出财富函数后，也将给出文明这个概念的定量性定义。

2.4 工差率现象

前面我们从人的需求出发定义了财富概念，又为了评判刻画财富所能满足人们需求的程度引入了满意度这个可度量的概念。现在我们来讨论与满意度对偶或者说反义的概念厌恶度。厌恶度也是可以度量的而且厌恶度就是负的满意度。所以厌恶度的度量单位也同样是货币的单位。

当一个顾客愿意用五元钱在超市购买一瓶牛肉辣酱时，此时在这个顾客心里肯定认为一瓶牛肉辣酱能够给他提供高于五元的满意度，同时这个超市老板也肯定认为这瓶牛肉辣椒不值五元满意度，所以这种交换才能产生。同样，当一个求工者在劳动力市场上接受每天三百元去从事某种工作时，并不是求工者喜欢这种劳动，恰恰相反，他是排斥和厌恶这种劳动，但是他需要用自己厌恶度的付出去换取三百元的报酬，或者说是去换取三百元的满意度。而他肯于接受这三百元的报酬表明他从事这项劳动所付出的厌恶度是小于三百元的，同时这个工作的聘工者却认为这项工作的厌恶度是大于三百元的。那么如何知道这位求工者从事这项工作的厌恶度是多少呢？很简单，就是他愿意把这份工作以什么价钱转让出去，如果他同意以最高二百五十元将这份工作转让给另一个求工者，那么二百五十元就是他此时给予这个工作的最低厌恶度赋值。

现在出现了一个非常有趣的现象，既然这个求工者的厌恶度仅仅是二百五十元，那么聘工者出价二百六十元，这个求工者能不能应聘呢？通常是不能。比如超市老板的牛肉辣酱是四元钱购进的。并且可以这种价格大量购进，所以他绝不会用四元零一分的价格再去购进这种牛肉辣酱，同样如果有更低价格的同样商品他也会更换进货渠道。这说明对于超市老板而言这个牛肉辣酱在老板心里的满意度就是四元钱。可是当顾客提出用四元五购买一瓶这个牛肉辣椒时，他通常也是不会同意的。这两个现象的道理是一致的，超市老板心中有个利润率要求，求工者心里也有个这样类似的差值率要求。不妨将其定义为求工者的工差率要求吧。可以认为交易成本是这两个数率存在的一个理由，而基本生存标准要求是另一个理由。不过本书不打算就这个问题去做进一步的展开讨论了。

2.5 商品交换的铁律、如蛆附骨
的悖论与当今社会所有经济乱象的关键症结

我们有成千上万种能够使人们获取满意度的商品财富，正是因为人们对每一种商品财富的满意度赋值不同才使得商品财富的生产、交换成为可能。同样我们也有成千上万种使人们排斥厌恶的劳动种类，也是因为人们对于每一种劳动的厌恶度赋值不同才使得社会生产的分工及合作得以出现。

每一种商品每时每刻在交易地点都以类似于证券市场上集合竞价的方式实行着交换，而这些交换构成的大数据也以价格的形式体现了社会或社会某个群体每个时刻对这个商品财富的满意度赋值。同时所有商品财富也在这种交换形式下实现了各种商品间的等满意度交换，或曰为商品财富的等价交换或按价交换。等价交换不仅是商品市场遵守的铁律，也是最显而易见的一个公平经济法则。同样在社会的劳动力市场上甚或说在每时每刻的社会各企业的雇佣关系中，这个社会或者某社会群体也以相似的方式在给每一种可以被量化的劳动实行厌恶的赋值。那么等厌恶度的劳动是否也可以互相交换呢？在雇佣劳动是商品的资本主义社会，这个结论是肯定的，因为商品市场必然服从商品等价交换的铁律。但是问题马上接踵而来，既然等满意度的商品要等价交换，等厌恶度的雇佣劳动也等价交换，由于所有商品都是由劳动生产出来的，那么是否等厌恶度的雇佣劳动也总是生产出等满意度的商品呢？答案明显是否定的。比如在贫瘠土地与肥沃土地上投入相同的劳动，而产出的粮食产量却会大相径庭。待后面我们引入财富函数后就会发现这样的事例几乎比比皆是。

于是悖论怪圈出现了，若实行商品等价交换，因为雇佣劳动是商品，所以等厌恶度的雇佣劳动也应该可以交换。但是等厌恶度的雇佣劳动却会产出不等满意度的商品，从而使得商品财富的等价交换无所适从。自从人类社会出现了所谓的自由劳动力市场也既雇佣劳动以来，这个悖论就如蛆附骨一般纠缠在人类经济活动中，使得人类社会丧失了最起码的公平法则。而深刻的分析更会发现恰恰就是因为这个悖论导致了资本主义社会的周期性经济危机以及人类社会无休止的战争内耗。可以说这一悖论也是当今社会所有经济乱象的关键症结所在。

2.6 货币为何变成了无锚之舟

当一个群体为某个商品财富赋值的时候，这个赋值不仅依赖于这个商品的供给情况也依赖于这个群体间的财富与货币的配置情况，同时还依赖于这个群体的货币发行量。人们用米或者公斤度量距离和重量时，因为米或者公斤是一个客观物理存在量，所以这种度量单位也是恒常的。如果货币的发行量总是合理匹配社会群体财富存量及财富供给量的变化，那么也可以认为用货币来度量人们对财富的满意度是一个合理的工具。可是现今几乎所有的货币发行机构都会为了某些局部利益人为的随意调整货币的发行量，从而令货币这个度量工具如同一个无锚之舟。使得货币好像扮演着一个无刻度的量尺或者无砝码的天平角色。

由群体对所有商品财富的赋值集合 $B(W)$ 连并这个群体对商品 w 的供给情况便可以明确商品 w 在某时某刻的价格。因此我们可以获得所有商品之间的价格比例关系，也既可以获得群体对所有商品满意度赋值的相互比例关系。比如一瓶标准酱油五元一瓶，一瓶白醋也是五元一瓶，简易理发十元一次。那么是否可以模仿距离度量和重量度量那样，用一瓶酱油作为满意度的基本单位并且作为货币单位呢？然后得到白醋也是一个货币单位，而一次理发是两个货币单位呢？甚或用一揽子商品依照权重关系来构造满意度的单位呢？结论是可以的，例如在过去有些群体用盐巴来行使货币职能便是利用的这个原则。而现在许多经济体在制作统计时就总是使用以某个固定年份的商品价格来比较后来年份的经济数据，所采用的方法其实也是贯彻这样的思路。这样的修补措施不能说无用，但是依然存在非常大的失真。因为货币发行机构人为增发的货币并非按照群体成员所持货币配置按比例增发的，而是将增发货币由局部渠道注入市场，从而必然打破群体成员原有的货币配置关系。因此也改变了群

体原来的赋值集 $B(W)$，既而也就改变了原来商品相互之间满意度的比例关系。所以即使如此修补也依然使货币摆脱不了无锚之舟的角色。

2.7 黄金成为众望所归的一般等价物的秘密

当古人用盐巴当作一般等价物来促进财富的流通与交换时，他们建立了以某重量单位盐巴充当满意度度量的基准单位，然后依此来度量其它事物的满意度。并且依据等满意度交换的原则进行财富间的交换。古人也应用过皮革、贝壳等物品来充当一般等价物的角色。但是到了近代，最普及的一般等价物之物却是黄金，以至于人们称黄金为天然的货币。不仅在古代，甚至于在当代，黄金对于人类而言都提供不了什么具有真实意义上的满意度满足。所以黄金除了储存之外几乎只能成为奢侈品或者装饰品的原材料。那么为什么黄金依然能够成为人们众望所归的一般等价物的角色呢？原因既在于黄金自身拥有无可置疑的劳动厌恶度之凝结。所以当人们用单位重量黄金所凝结的厌恶度作为度量单位来让黄金作为一般等价物时，这里就存在一个如何将凝结在单位黄金中的一般厌恶度转化为人们对财富的一般满意度的换算问题。

2.8 经济学研究中马克思的失之交臂以及
西方经济学的偏离

马克思以为人们的商品交换是基于商品中凝结的劳动厌恶度所决定的，商品间是由商品中凝结的等厌恶度实现交换的。前面我们已经阐述了等厌恶度的劳动通常不会生产出等满意度的财富，后面我们还将利用财富函数来更加严格的证明这个论断。而西方经济学者面对这个换算问题时也只能无奈的归因于所谓的那支看不见的手了。其实无论是马克思还是西方经济学者都并没有触及和提炼出满意度和厌恶度这两个本质性的概念。当马克思用一般社会必需劳动来模糊表达劳动厌恶度这一概念并且以时间单位来度量劳动的厌恶度时就因为弄错了这个概念的量纲而失之交臂。而西方学者把财富满足人们需求的满意度以效用一词来模糊替代，并且摒弃基数效用只提倡序化效用之时也同样偏离了正确轨道。

2.9 参量厌恶度、行业系数、地域系数、个人能力系数

智慧的先人不仅知道以单位重量的盐巴满意度来比价其它单位财富的满意度，也演化出了以凝结在单位重量黄金中的厌恶度来度量各种单位财富中的满意度。综合先人们的这两种社会实践，我们将成千上万种生产劳动的厌恶度也给出相互之间的比价关系。每种商品能够有价格的必需条件就是该商品有计量单位。所以每个生产环节中的产品也都是可以计量的。如果生产环节线上产品 j 每天的生产量为 N_j 件，生产此产品的劳动人员为 n 人。则称生产 $\dfrac{N_j}{n}$ 件该产品的劳动厌恶度付出为该生产劳动的**参量厌恶度**。社会上有成千上万种的生产劳动方式也就有分别对应有同样数量的参量厌恶度。犹如在一个地区市场上的不同商品价格的比值是由需求者对商品的满意度赋值及市场选择所确定的，同理对于一个地区的不同参量厌恶度的厌恶比值也是由劳动参与者的厌恶度赋值及市场选择所决定。

定义：如果选定 j 生产劳动为厌恶度度量的标准劳动，也既规定 j 劳动的参量厌恶度为单位参量厌恶度，那么其它劳动 i 的参量厌恶度与 j 劳动的参量厌恶度比值称之为 i 劳动的**行业系数**。

正如相同的商品在不同地区会有不同的价格，相同的劳动在不同的地区也会有不同的厌恶度赋值。我们将这种不同地域所造成的厌恶度比值称之为厌恶度的**地域系数**。

如果某个劳动生产者在地域系数为 k，行业系数为 h 的行业工作。

其行业每日参量厌恶度的产品生产数量为 a，而他的每日产量为 b，则称 $m=\dfrac{b}{a}$ 为他在这个行业的**个人能力系数**。他每日的劳动付出记为 $k \cdot h \cdot m$ 个参量厌恶度。

对于每个劳动者，针对不同的生产行业也都有分别对应的个人技能系数。

2.10 "什么是货币"
——诺贝尔经济学获奖者的疑惑以及"什么是3"？

上世纪八十年代，有一位诺贝尔经济学获奖者在获奖发言中提出过"什么是货币"这样一个问题，并且坦言自己不知道这个问题的答案甚至不相信自己在有生之年获知这个问题的答案。对于绝大多数人而言，这个问题似乎是个白丁的问题。就如许多人面对"什么是3"提问时通常会显露出惊愕神情看向提问者，心中同时狐疑着这个提问者是否具备所谓的"独立思考"能力。"3就是3呗"，大聪明不屑一顾的就立刻给出了答案。"3是阿拉伯数字里的一个数"，"3是可以进行加减乘除四则运算和开根及幂运算的符号"。比较谨慎些的被提问者或许给出类似如上答案的诸多回答。显然"3就是3"的回答是同义反复，而后两个回答无非是归属性和效能具备性答案。如果提问的问题是"3是什么"的话，这样的回答也许还算差强人意。可是针对"什么是3"的问题，这样的回答就表明回答者根本没有理解这一问题的本质含义。看似一个白丁的数学问题，可是在今天，即使职业的数学工作者中能够给出正确答案者也不会超过百分之一。此问题的正确答案虽然也只是一句话，但是笔者还是将其放在《附录三 什么是3》中。本书的早期读者得知此答案后不妨拿此问题去考考周边的大咖。如果有幸遇到一位独立给出正确答案人士，此人或者是基础数学方面的学者或者是基础数学理论深厚之人。

人之所以成为万物之灵，其根本原因既在于人们在自身生活生产实践中学会了数数。也许起始于结绳记事、垒石数羊，人们逐步认识完善提炼出了从无限事物中提取共性的抽象能力。从而使得人类从命题逻辑能力的生命群体质变跃迁为量词逻辑能力的生命群体，从有限、完备命题的生命群体质变跃升为无限、开放命题的生命群体。恰恰就是人类会数数这个能力成为人类与所有其它生命体分野的分水岭。也许有人说马戏团里受训动物也会做简单的四则运算，其实会开车和知道汽车原理并能设计制造汽车是两回事。具备机械重复性的操作简单四则运算能力与知晓四则运算原理及拥有发现四则运算的抽象能力也是完全不可同日而语的两回事。

我们所以引入"什么是3"的问题，就是以此来说明很多时候最简单的问题往往就是最深刻的问题。因而引发出上面的一些讨论也是为了后面的内容所做的铺垫。

现在依然回到"什么是货币"而非"货币是什么"的问题上。货币这个概念是个有歧义的概念，用货币具备借贷、储存、支付、记账这些功能来定义货币显然是不够的。如果指着钞票说这就是货币也只是相当于同义反复的指称定义法。下面讨论三个最常见的关于什么是货币的定义。

（1）一种关于有劳动等价物对应的交换权。

什么是劳动等价物呢？是物等价还是劳动等价呢？物等价的话物的这个价怎么度量呢？劳动等价的话劳动这个价怎么度量呢？用词义不明的词汇去定义概念不但没有解决问题反而徒增新的问题。即使我们用最合理的词义来重新表达这个定义也是：一种有关于相等劳动厌恶度支出的产品所对应的交换权。这个论点其实就是马克思的论点，前面已经阐述过此论点的偏颇所在。

（2）货币是度量商品价格的工具。

这个定义似乎很有些触及实质的内韵了，可是什么是价格呢？被普遍接受的定义为：价格是商品同货币交换时单位商品量需要的货币的数量多少。或者说，价格是一项以货币为表现形式，为商品、服务及资产所订立的价值数字。这种以价格词汇来解释货币又用货币词汇解释价格的循环定义方式只能使求知者继续一头雾水。

（3）"货币"是商品交换的产物，是在商品交换过程中从商品世界分离出来的固定地充当一般等价物的商品。

一般等价物概念源自马克思，其定义为：表示一切商品价值的商品。而商品价值的定义为：商品价值总量等于单位价值乘以商品总数量。进一步寻索又得商品的单位价值定义就是价格。这个论述再一次完成了词汇间的循环定义。

综述上面几个关于什么是货币的定义，除了归属性功能性定义外就是词汇的自循环定义，显然这些定义都不满足要求。只有（1）的定义是希望给货币找到一个可靠的锚着点。假若所有等厌恶度的劳动总是产出等满意度的商品财富的话，(1)的定义可以算是最接近正确结论的定义了。

下面我们来给出货币的定义。

但凡是财富就具有使消费者获取某种程度满足的共性，而满足程度的度量就是满意度。所以满意度是所有财富的可度量属性。以后我们将财富的这一内秉可度量属性简称为财富的满意度或财富满意度。如同所有物体内部都有分子运动这一属性，而温度计就是关于物体内分子运动平均动能或者说是关于物体温度的度量工具，同理

定义：货币是度量财富满意度的工具，货币具有其面值额度满意度的债权。也既一个一百元货币的持有者可以凭据这张货币换取一百元满意度的财富。

2.11 什么是价格

同一个物体内部的各分子的运动动能是不相同的。同一个商品财富让不同消费者获取的满意度也是不同的。所以社会成员赋以同一商品财富的满意度赋值也存在差异。只有当持币者对某个商品财富的满意度赋值高于该商品供给者对这个商品财富的满意度赋值时，

持币者便会从供给者手中购买这个商品。购买所支付的货币量便是这次交易中的商品价格。此种商品在某个社会群体区域内所有交易的价格将构成一个价格集合。可以直接以这个数值集合也可以用这个集合中所有数值的平均数值来表示为这个商品的价格。与温度计上具体刻度的数值就是对物体内温度的度量一个道理，这个**价格**就是这个社会群体以货币为工具给予该单位商品的满意度的度量。正是因为货币能够胜任对所有财富满意度的度量功能，所以以货币为媒介可以使得社会财富可以更便捷更广泛的在社会范围内按照等满意度原则进行流通交换，换言之：按价交换。

2.12 物理量与人文量

重量、距离、温度等等数值都是自然界中的客观数值，也都是一些**物理量**。我们知道这些物理量都会遵循某些自然界的必然性规律，而这些规律绝不被人们的意志左右。满意度、厌恶度、价格等等数值也是社会中存在的数值，对偶于物理量的称谓，不妨称其为**人文量**。这些人文量同样遵循人类社会的某些不以人们意志所转移的必然性规律。例如等价交换原则就是社会财富流通交换的铁律，人们不遵守这个铁律就会产生群体的内耗造成整个群体的得不偿失。

2.13 带着对货币定义的疑问进入下一章

也许会有读者模仿笔者的方式对"货币就是关于财富满意度的度量工具"这一定义质疑，会提问什么是满意度。因为任何语言包括汉语的词汇量一定是有限的，所以针对任何概念定义都可以要求对其定义语句中的关键词汇继续定义，这个要求可以无限进行，最终的结局必然会是无词可用或者是某个词汇的自我循环定义。那么欢迎读者带着这样的疑问进入我们的下一章。

第三章
科学经济学的公理系统

3.1 什么是公理?

什么是科学?如果回答说科学就是可以重复检验可以事先预测和证伪的理论的体系。确实上述功能都是科学理论的属性,但是上述定义依然是归属性定义,因为人们几乎没有能力证明具有上述属性的理论就一定是科学理论,所以上述回答只能算是回答了"科学是什么"而并没有完成回答"什么是科学"的问题。宛如说"3 是一个阿拉伯数字"回答了"3 是什么"的问题而没有解决"什么是 3"的问题。那么有没有一个明确的标准来鉴定一个理论体系是科学理论还是非科学理论呢?科学一词通常被用来当作定语来领属和性质限定后面的主语,比如科学态度、科学技术、科学方法等用语的真实含义就是秉持科学理论的态度,以科学理论指导的技术、方法等等。而科学作为一个名词其实就是科学理论或者科学理论体系语句的简略语。被充分完备化的理论称之为理论体系,为了行文方便,以后我们谈及某理论之时都是假设该理论已经实现了充分完备化,所以在后面行文中的科学理论一词与科学理论体系一词视为同义词。

但凡受过中级教育者都知道平面几何学中的五个公设或称五个公理。学习者通过平面几何的学习都知道了勾股定理、割线定理、圆周角定理等等。许多人也许以为这些内容挺深刻的定理都是被数学家发明出来的,其实不然,这些定理只不过是平面几何五个公理的推论的结果。换言之,只要五个公理是成立的,那么这些定理也必然是成立的。平面几何的所有结论与成果并不是发明了什么新东西，而仅仅是揭示了五个公理中原本就蕴含的东西。教科书中也把这五个公理称之为平面几何的公理系统或者前提系统。但是平面几何仅仅就这么五个前提公理吗？也不然。因为平面几何开宗就以理所当然的方式将逻辑学与算数学作为自身必需的操作工具了。而现代逻辑学有六个公理，算数学有五个皮亚诺公理，所以平面几何的前提公理系统起码是 16 个公理。因此更严格的说法就是：平面几何的所有结论与成果都蕴含在上述 16 个前提公理之中，都是这些前提公理的推论。

许多人以为逻辑学是关于人类思维规律的学说，其实逻辑学是人类通过实践而揭示的最泛化最简洁的客观规律的学说。而命题逻辑就其结构而言等价于最简单的代数：布尔代数，也等价于最简单的格：二元完备格。命题逻辑是最简单的一个理论体系，仅仅由四个极其平凡的公理构成。而谓词逻辑，也称量词逻辑也只是在命题逻辑的四个公理再增加二个量词公理构成。逻辑学就是基于这些公理的一套演算及演绎规则。皮亚诺算数公理体系也同样是由几个极其平铺直叙的公理组成。

什么是公理呢？所有公理都是由恒真命题的形式来表述，而顾名思义**公理**就是不需要证明的公认道理或者说是不需要证明的公认真理。因为这些真理可以时时处处被人们在自身的实践经历中所反复检验与验证，也既公理就是只能靠人们实践来反反复复证明的**真理**。那么什么是真理呢？以公理体系里的公理为前提依靠逻辑演绎、运算推导出来的定理结论就是真理。只要公理体系里的每一条公理都是千真万确颠扑不破的真理，则如此推导出来的定理也必然是千真万确颠扑不破的真理。因为定理的正确性是被前提公理的正确性所蕴含，定理的不真也必然推导出至少某一个前提公理的不真。那么定理是否也都是可以被实践检验、验证呢？未必然，例如地球上的潮汐是由月球的引力造成是物理科学的结论，也既是物理科学的前提系统所推导出来的结论，人们承认这个结论是真理，但是人们却没有机会让月球消失来实践验证这个真理。

3.2 具有前提公理系统的理论的特点

一个具有前提公理系统的理论有一个最显著的特点即：这个理论所发现所证明的所有真理都是事先蕴含在这个理论的前提公理系统之中，这个理论只能挖掘、提炼自身公理系统中所隐含的真理而无能创造出其外的真理。换言之，这个理论所揭示的每一个真理不过是利用自身那些前提公理经过逻辑组合、逻辑演绎而得到的一个封闭性算式结果，以及用语言对这个算式结果的一个表述而已。

现在人类的所有基础数学理论都是建立在各自公理体系之上，但是逻辑学的公理系统、集合论的 zfc 公理系统是所有数学分支学科共同默认并且需要依赖的前提系统。甚至可以理解为每一个基础数学理论在阐述自己学科的公理系统之时也同时默认了其它基础数学理论的前提公理系统都可以与之并列。只不过越是基础的学科就越加独立于其它学科的前提公理系统。例如逻辑学就是可以独立于其它理论体系而只在自己公理系统内进行演绎推导的理论。

由于每一门数学理论中的每一个公理都是在自然界决无反例的命题，所以将所有数学理论的前提公理系统合并为一个前提系统，那么这个合并系统里的命题也必然是协调自洽的，也即：这些公理命题间不存在互相矛盾的现象，不存在利用系统中某些公理证明某结论真的同时又能利用系统中其它某些公理证明其结论假的现象。如果这个合并系统中的某个公理命题是其它某些公理命题的推论，这样的命题称之为非独立命题。例如命题逻辑中的所有公理命题都是谓词逻辑中的子命题也都是可以被 zfc 公理系统推导出来的命题，皮亚诺公理系统中的公理命题也都是可以由 zfc 公理系统中推导出来的命题。每剔除掉一个非独立命题后再重新审视新的公理系统，依次将所有的非独立命题在系统中剔除，便得到了一个与原合并公理系统等价的新系统，一个所有前提命题都是独立的协调自洽的公理系统。以后称此为**最大化的数学公理系统**或直接简称为**数学公理系统**。显然仅仅依靠于这个数学公理系统就可以推导出所有的数学定理和有意义的所有数学成果。

许多人以为数学是人造的理论，其实不然。每一个数学公理都是人们在生活实践中从自然界提炼和抽象出的颠扑不破、决无反例的客观命题。曾经有一位古代哲学家提问：如果没有我们现存的物质世界，三角形还存在吗？又是一个极其简单却深刻的问题。这似乎等价于提问：数学是超然于我们现存物质世界的吗？如果存在另外一个形态的物质世界，在那个世界里的数学理论与我们的数学理论也是一样的吗？固体物理领域与流体物理领域是两个不同的领域，各自都受到自身领域内必然性规律的制约，但是两者都服从牛顿力学的理论体系，更服从数学的理论体系。所以说牛顿力学体系和数学理论体系是更广泛、更普适的理论体系。就如杠杆定律只适用于固体物理领域而非流体物理领域，牛顿力学体系也许也只适用于我们所处的物质世界。但是如同牛顿力学能够同时适用于固体物理和流体物理领域，数学理论也可以同时适用于具有不同物理规律、不同形态的物质世界。这也说明了为什么数学理论与科学理论在结构上几乎一致，然而数学理论与科学理论却被划分为二个范畴。因为科学所研究所面向的对象是人们现存的物质世界，而数学理论却是超然、凌驾于这个物质世界的。

3.3 科学理论与 G 系统

什么是科学理论呢？科学理论必然是有前提系统的理论，而且所有科学理论都理所当然的默认数学理论的前提系统包含在自身的前提系统内。因为逻辑学前提系统包含在数学理论的前提系统内，所以所有科学理论的前提系统内也都包含逻辑学的前提系统。如同所有数学分支理论都将集合论的公理前提作为自身的前提，所有科学理论也将质量守恒定律、能量守恒定律、动量守恒定律作为自身的前提。称数学理论前提系统加上上述三大守恒定律所构成的前提系统为 **G 系统**。那么由 G 系统加上牛顿三大定律所构成的前提系统便是牛顿力学理论的前提系统，牛顿力学的一切成果都蕴含在这个前提系统之内也都是这个前提系统的推论。如果再增加万有引力定律便是天体力学理论的前提系统。如果增加的是浮力定律便是流体力学理论的前提系统，若又增加盖吕莎克定律便是气体力学理论的前提系统。

由此可见，**科学理论**就是由 G 系统增加若干定律构成新的前提系统而形成的理论。首先是那些自然界最基本最普适最广泛的定律，如对万物皆适用的三大守恒定律、万有引力定律、牛顿三大定律，继而是适用范围稍小一些的定律，例如只对物体中的流体适用的浮力定律，再而是适用范围更小的定律，例如仅对流体中的气体适用的盖吕莎克定律。

不论是数学的公理还是科学的定律，都是人们在社会生产、社会生活实践中提炼、概括、总结出来，且以命题形式叙述的屡试不爽、千锤百炼、决无反例、颠扑不破的客观真理。所以科学理论前提系统的协调性是由人们实践保证的。因为如果科学理论的前提系统不协调，也就意味着由这个前提系统的若干命题出发可以推导出这个系统中的某个命题不成立，但是这个前提系统中的每个命题都是在实践中屡试不爽、颠扑不破的客观真理，所以科学理论的前提系统必然协调。除非在以后更精确更广泛的实践中人们发现了这个前提系统中的某个命题确实存在反例，那时人们一定会修正这个科学理论以符合实践的结论。

由于科学理论前提系统中的每一个前提命题都是颠扑不破、屡试不爽并且可以被任意次数进行检验和检证的客观真理，所以由这些命题作为前提而推导演绎出的所有推论也必然是颠扑不破、屡试不爽的客观真理。这也就解释了为什么科学理论的结论可以被反复检验反复验证，因为科学理论结论的每一次检验和检证也同时是对科学理论前提系统的再检验再验证。另外所有的科学定律命题从来不用形容词、副词或其它语义模糊的词汇表述，都是使用语义明确的具体数值、序关系、代数公式等数学语言来进行清晰表述的某个判断，所以这样命题的证伪也是简单易见的，只要能够发现科学定律的判断在实践中有一次不成立即可。

因为前提系统中的每个前提都是一个恒真命题，所以每个前提命题也都是一个约束条件。在原有的前提系统中每增加一个前提命题，就等价于增加一个约束条件。而新理论所研究的对象范围仅仅是原有理论所研究的对象范围中满足新命题约束条件的那部分。因此增加了新前提命题的前提系统所构成的新理论必然比原有理论更具体更细致，但是其理论适用范围却更小。科学理论体系就是如此，由广泛到具体，由宏著至细微，可以有任意多的层级任意多的分支。但是科学体系中的每一门科学理论都一定是由 G 前提系统加上若干定律构成自身的前提系统，而这门科学理论学科的成果也一定都是这些前提的推论。现在所有理论物理及理论化学诸学科都实现了前提公理系统的建立，所以这些理科学科也都被人们理所当然的归纳为科学理论。其实不仅仅理科学科归属于科学理论，由这些理科学科引展到具体应用领域的诸多工科学科也都可以归属于科学理论。只不过工科理论并不像数学理论和物理学理论那样实行前提公理系统的规范化。一个科学理论的前提系统都是在 G 前提系统中再增加若干其它前提命题，这些命题本质上都是对这个理论所研究事物对象的约束性条件，也既规定了这些事物对象必须遵循的条件。例如天体力学研究的对象事物是具有质量的物体，万有引力定律命题就是关于所有具有质量物体都必须遵循的客观必然性的叙述。浮力定律命题则是关于流体力学所研究物体都必须遵循的必然性的叙述。木头与石头是不同的物体，但是都服从万有引力定律，水与空气也是不同的物体，也都服从浮力定律，所以定律都是对某些事物共性的抽象。可以从这个角度去理解什么是定律，但是也可以把定律理解为对某些事物的定义。例如将万有引力定律理解为引力一词的定义，将浮力定律理解为流体一词的定义。引力揭示了自然界某些物体间的必然性关系，浮力定律则是对流体物体的性质规定性，比如可以如下定义流体概念：流体就是满足浮力定律的物体。所以在一个理论前提系统中，一个定律前提与一个本原定义前提是等价的。例如在水处理工程理论中，水的化学分子式是 H2O 这一叙述通常会被人们以为仅仅是一个定义，但是从另一个角度也可以理解为是一个定律，因为这个叙述也揭示了冰、液态水、水蒸气这些不同形态物体的一个共性。显然这个叙述也是水处理工程理论前提系统中的一个前提命题。只不过工科理论中的这类隐形前提命题非常多，以至于人们通常会误以为工科理论没有自己的前提公理系统。其实在一个具有前提公理系统的理论中，任何一个约束性规定都是前提系统中的一个前提命题。虽然这些规定看起来似乎是人为的，但是本质上却是人们对所研究对象的客观分类。

3.4 如何判断一个学说是否为科学理论

现在我们可以判断一个学说是否为科学理论了。所谓一个理论，它的意义和目的就是能够针对它所研究领域内的任何命题给与肯定或者否定的解答，或者说面向研究对象能够建立一系列明确的命题判断。如果一个学说主张是亦非是，非亦非非，连阿猫阿狗都能奉行的命题逻辑也不遵循。这样的学说根本无能力建立任何一个明确判断，而只能是一堆语义混乱的辞藻堆砌。因为这样的学说即使主张了 A 是 A，但还会同时主张 A 非 A。凡是不遵从逻辑规则的学说也都是无能力建立明确判断的学说，不能建立明确判断的学说都是无用无意义的学说。这样的学说不过是愚昧文化的一种产物。

科学理论不仅有前提公理系统，而且前提系统中的每一个前提命题还必需是在人们实践中颠扑不破、屡试不爽的真理，如此也就保证了前提公理系统的协调性。当人们不具备理论所需要的实践能力时，人们有时会使用某些猜想来充当前提系统的前提命题，这仍然不失为一种科学精神、科学态度，因为这些猜想是否会成为前提系统中的正式前提命题最终还是要由实践的结果来决定。但是在掺有猜想为前提命题的前提系统中，前提系统的协调性是必需的。前提系统不协调的理论如同不自洽程序设计下的操作系统最终一定是宕机，而不是输出人们所需要的结果或者判断。

如果一个学说以某部经典为圭臬，声称此经典中的每一句话都是公理都是前提。那么就必须验证此经典书中的每一句话都是客观真理，否则此学说决不会是科学理论。其实这样的学说肯定连前提系统的协调性都不可能满足。如果某学说根本没有建立前提系统的意识而是以天马行空、引经据典、包打天下的架势提出形形色色的主张，一会引用某个大人物语录，一会背诵某箴语真言，接着述读某哲理，再又摘录某名句。但凡以这种方式来证明自己主张正确性的学说也决不是科学理论，因为这样的学说没有确定的前提，并且允许互为矛盾的命题同时充当前提。所以此类学说充其量是市井杂谈而已。

3.5 迄今为止人文社会领域
还没有建立任何一个具备前提公理的理论学说

现在来审视各种理论学说，人们所建立的理论学说无非是两方面，面向自然界领域的自然学说和面向社会的人文学说。可以看出关于面向自然的各类理论学说或者已经完成了自身的科学体系，如数学、物理、化学诸学科以及相关的各技术工程理论学科，或者也是奉行实践为尊、实践为王的原则在逐步完善着自身的公理系统。而关于人文社会方面的各类学说，迄今为止人们还没有建立任何一个具备前提公理系统的学说，所以人们在人文社会领域也没有建立过一门人文科学理论或曰社会科学理论。虽然西方经济学有过这方面的尝试，但正如中世纪的托勒密地心说体系是为了迎合当时宗教统治者的意志，今天诸多的西方经济学理论也是为了迎合"剥削有理"这一说教，所以其所拼搭的前提公理也不过是应景之作。人们习惯于将从事于自然领域的理论或技术工程的工作者称为科学技术人士，而将从事于人文领域的工作者称为文人。科学理论与人文学说还有一个十分明显的区别，科学理论中的每一个概念都可以被明确定义。因为无论是数学理论中还是科学理论中的每一条或者相互关联的每一组公理或定律都是揭示了自然界的一个或者一组必然性或客观规律。如同人们靠增加语言中的猫、狗词汇来对应自然界中的猫与狗，又靠对猫狗的指称来实现对猫狗词汇的定义，人们也会增加语言词汇来对应自然界中的某些公理或定律，又靠对这些公理或者定律的指称来实现对这个词汇的定义。换言之人类语言中的某些词汇不是依靠其它词汇来解释而是依靠与某公理或定律的对应来定义。这样的词汇可以被称之为无内涵概念或者本元概念。例如平面几何的五大公设本质上就是对点、线、面、角、圆五个本元概念的定义，热力学第二定律就是对时间概念的定义，光的周期性频率运动就是对时间度量概念的定义。并非每个公理或定律都一定对应一个本元概念，但是每个本元概念肯定来源于某公理或定律的对应。就如从一系列公理出发可以推导出许多定理，由一系列本元概念出发也可以定义出许多有内涵概念。有古典哲学流派主张这些本元概念是先验概念，其实不然，本元概念都是对应于、植根于客观规律的概念。就如公理与定律不需要依靠其它命题证明，本元概念也不需要用其它概念来定义。也许有人会问，人类语言为什么不是直接用本元概念去对应客观世界的诸规律，从而使人类的语言与自然法则完全同胚同构，如此不仅能够使人们更简洁的认知和描述自然而且还能彻底避免人类语言中的诸多歧义混乱。或许人类的语言未来会如此，例如现在的计算机语言就是基本如此。但是人类在认知自然的实践中必须经由感性至理性、现象至本质的过程。人们总是先从认知猫狗这类非本元的事物开始，逐步深化而达到认知本元事物。因此也就造成了人类语言的形成宛如汉字书写的倒下笔。就如在平面几何中，先知道了割线定理、圆周角定理、三角形的三角和 180 度定理、勾股定理、直线延长公设去反推五大公设一样，必然遇到极大的麻烦与繁琐。

综上所述可知科学理论中的每个概念都是明确、清晰且同一的。所以数学家或者科学家从来不会出现违背逻辑同一律的辩论。

反观人文学说理论在这一方面可就大相径庭了。除了可以指称定义的事物外，稍微抽象的词汇在人文学说那里就会歧义多多混乱不已。诸如正义论啊、自由论啊、民主论啊、公平论啊等等专著比比皆是，可是翻遍这些专著中都得不到逻辑清晰令人信服的关于这些概念的定义，甚至是找不到这些概念的定义。以至于有学者将公平、正义、民主、自由及与其相似的几十个词汇归属于一个词汇组中，主张这个词汇组中的词汇只是观念而不是概念。换言之就是这些词汇不可定义，都是变形金刚，在不同人的头脑中就是不同的事物。所以有时看文人之间辩论才能领略什么是鸡同鸭讲。辩论双方使用同一个词汇，可是双方对该词汇涵义的解读完全南辕北辙，而双方依然能够你来我往酣畅淋漓的展示各自的口舌生花之才，使用不知其意辞藻而造句是许多文人擅长的通病。一个连自身最基础最根本的概念都不能准确定义的学说只能是初级粗陋的学说。

今天人类在自然领域的探索方面已经建立了很多科学理论，完全步入了科学殿堂，但是在社会人文领域的探索方面却依然在科学殿堂之外。尚没有任何一门社会领域的学说有资格被称为科学理论。

3.6 科学经济学的预置前提公理系统（T系统）

许多理论在建立引入自身理论特有的前提公理之时都是首先默

认了一些前提公理也是归属、预置于自身理论的前提公理系统之中的。例如概率论虽然只是提出了三个前提公理，但是它显然默认了集合论、函数论、序论甚至拓扑学等诸多基础数学学科理论的前提公理系统都已事先包含在自身的前提公理系统之中了。所以我们也在此声称：科学经济学的前提公理系统包罗了所有数学理论与科学理论的前提公理系统。由这些前提公理系统的性质可知如此构成的合集系统的协调性是毋庸置疑的，再利用奥卡姆剃刀原则将这个合集系统简化为满足独立性且与原系统等价的新系统集合 T。这个 T 系统就是科学经济学的预置前提公理系统。

也许有人质疑这种方式未免多此一举，其实不然，因为在后面的讨论中即使是如：时间、空间、物体等等非常普通的概念，若想获取其概念定义也必须追本溯源到科学理论中才能得到正确的答案。

3.7 科学经济学的四个前提公理

下面叙述科学经济学这一学科独有的几个公理前提：

公理一：人类社会群体成员都是求逸厌劳的，而且奉行这一原则的量化标准是实现最大化满意度剩余。

公理二：人类社会群体对于满意度的量化奉行重难轻易、稀贵稠贱原则。

公理三：人类社会群体成员数量有限，而且其需求项目也有限又非单一。

公理四：称会数数的生命群体为文明群体，文明群体的文明程度总是在持续递进。人类社会群体是文明群体。

下面逐一解释各个公理。

以后将这里的第一个公理称为**求逸厌劳公理**。逸就是享用满意度的获取，劳就是厌恶度的付出。求逸厌劳就是喜好享用财富带来的需求满足，排斥支付厌恶度的劳作。如果必须依靠支付厌恶度来获取满意度的话，那也是希望以最小的厌恶度付出来换取最大的满意度回报。所谓最大满意度剩余就是社会成员追求获取的满意度 M 与支付的厌恶度 u 差值的最大化既数值 $M-u$ 的最大化。西方经济学的理性人假设主张：每一个从事经济活动的人所采取的经济行为都是力图以自己最小的经济代价去获取最大的经济利益。两相比较，求逸厌劳公理使用了量纲明确而且能被货币度量的厌恶度、满意度概念分别替代了理性人假设中的经济代价与经济利益这二个度量性含混的概念。更主要的区别在于理性人假设仅仅是定性陈述而求逸厌劳公理是定量陈述。例如面对支付 4 元厌恶度而获取 8 元满意度与支付 4 厌恶度而获取 9 元满意度的两种选择，理性人假设与求逸厌劳公理都会采用第二个选择。但是面对支付 4 元厌恶度而获取 8 元满意度与支付 5 元厌恶度而获取 9 元满意度的两种选择，抑或面对支付 4 元厌恶度而获取 8 元满意度与支付 5 元厌恶度而获取 10 元满意度的两种选择，理性人假设对这两种情况就无所适从了。而求逸厌劳公理则可以判断第一种情况的二个选择互相等价，第二种情况应该采用支付 5 元厌恶度而获取 10 元满意度的选择。因为这个选择的满意度剩余为 10-5=5，大于另一个选择的满意度剩余 8-4=4。

虽然前面我们以满足的程度来解释了满意度这个概念，但是无论如何都有同义反复的感觉，在上一章末尾也提到了满意度这个基本概念的定义问题。我们曾经阐述过本元概念是依靠与数学公理或者科学定律的对应来定义的。就如数学人士不用文字来定义概念"集合"，物理学人士不用文字来定义概念"力"，我们也不用文字来定义满意度这个概念。而主张满意度是一个本元概念，是一个与求逸厌劳公理所对应的无内涵概念。人们只能从每日每时都能见证的求逸厌劳这一公理去理解这个概念。总而言之，人类语言的根绝非源于辞海，而是深植于自然法则之中，深植于亘古恒常的自然公理与定律之中。

一个镀金的饰品与一个纯金的饰品，在视觉的美观与佩戴的感觉上恐怕别无二致，但是人们对二者的满意度赋值却会大相径庭。其缘由就是因为人们重难轻易，愿意将难于获得的财富给与比较高的满意度赋值。两种口感不相上下的水果也总是数量稀少的那种水果在市场的售价更高，充分体现了物以稀为贵的现象。而对于人们生存至关重要的空气、阳光等等事物在充分市场化的今天也依然是免费供给，又从反方向验证了物以稠为贱这一事实。也许人们以后可以证明"重难轻易、稀贵稠贱"这个社会群体具有的禀性仅仅是某些更深刻更本元原理的一个推论，但至少现在它是俯拾皆是的社会现象。而且恰恰由于这个禀性使得社会群体关于财富供给的满意度赋值曲线具有凸性质，和社会群体关于财富生产的厌恶度赋值曲线具有凹性质。

每一个社会成员得起码有吃穿住行的需求的，所以每个社会成员的需求项目都是非单一的，进而得到社会群体的需求非单一。由于每个人的实践都是有限的，所以每个人的需求项目也是有限的。而社会群体的成员数量是有限的，所以社会群体的需求项目也是有限的。第三公理的内容十分平凡，但却是我们后面引入财富函数时不可或缺的前提。

如果审视上述三个公理便会发现，这三个公理不仅适用于人类社会群体，也同样适用于猪马牛羊，虎豹猫狗等生命群体。而第四个公理才是人类社会群体与其它生命群体的分水岭。人具备了数数的能力就意味着人具备了从无限不同事物中提取共性的抽象能力，也既人具有了理性思维能力。为了记录或者表述这些眼看不到手摸不着的抽象事物，符号与文字便应运而生。根据哥德尔第一不完备定理：一个包含了自然数的系统必然是不完备的。于是人类思维能力便从命题逻辑升华为谓词逻辑，人的认知范围也进入到了一个无边弗界的领域，从此人类便踏上了一个永无终点的征程。由于具备了抽象能力，人们在自己生活、劳动、生产的实践中就能够逐步发现、总结、提炼出自然界的规律，逐步揭示着自然法典中的自然规则。又由于有了文字这个工具，人类积累的知识与经验可以一代代的传承下去，因此人类对自然法典的解读揭示也持续不断地丰富增强。当具有相互关联的自然法则都被揭示且形成体系化后，人们便进而形成系统的理论学说。这不仅提高深化了人类对自然的认知，在这些理论的指导下，人们也持续不断地提高自身的生产技术能力，持续不断地提高自身与自然和谐共存以及利用自然法则更加完善自身生存环境和条件的能力。自然天典里的法则不仅无穷无尽而且天典中每一项法则都是自然界中必然性的规律，所以人类文明群体对整个自然法典的释读理解也将是永无休止的。人类文明群体对自然法则逐步深入认知和自身生产技能逐步提高的过程也就是人类文明群体的文明程度进步的过程。在下一章中我们将证明文明群体的文明程度是可以被正实数严格度量的，首先引入一个

定义：如果函数 $f(x) \geq 0$，对任意数值 $a \geq 0$ 都存在数值 n，只要 $b \geq n$ 则 $f(b) > f(a)$ 称这样的函数为趋势性单增函数。

若以时间 t 为变量，记地球上的人口为 $f(t)$，则此人口函数就是**一个趋势性单增函数**。

命题：若以时间 t 为变量，记人类文明群体的文明程度为 $w(t)$，则 $w(t)$ 是一个趋势性单增函数。

这个命题就是表明只要人类文明群体存在，那么她的文明进程虽然可能出现停滞甚至倒退，但是其文明程度必将持续的创新高并且永无止境。

可以将这个命题视为以数学语言叙述的上述公理系统中的第四公理。

3.8 天典（自然法典）：
道经与德经，天治：道治与德治

上文中提及了自然法典与天典。这两个词汇可以看成是同义词。自然法典是一部无言、无字、无尾页的大书，是一个包含无限元素

的集合，这个集合中的元素有层次有分类，而且每一个元素都代表着自然界中一个必然性规律。它就是一部包罗自然界万象、穷尽自然界万方的前提公理系统大全之书。文明群体的文明发展其实就是揭示、发现、释读这些规律并且用符号语言来翻译撰写出这部天典的过程。当文明群体服从适应这部天典里的法则，并且利用这些法则指导、规范群体的社会行为、生产活动及造福自身时，可以称这个文明群体实行了天治也既科学之治。

通于天者，道也；顺于地者，德也。中国古代哲人就已经知道这部天典分为二大类，将统御自然领域的规律划分为道经，统御人文社会领域的规律归为德经。按照今日语言也即自然科学与社会科学。古代哲人主张的"无为而治，顺其自然"也许就是教导人们只要去认知、阐释、解读、适应天典的律条而无需人为地为自然界去制订什么规则律法。人类曾经利用神话、宗教乃至祝师祭语来人为制订自然法则，甚至以暴力为后盾强行规定日月星辰都必须以地球为中心绕着地球转，规定月球表面光滑如镜，不信者烧死或者监禁惩戒。无论人们如何杜撰自然法则，真正的天典法则却始终亘古恒常遗世独立。随着自然领域的科学理论日益发达，时至今日已经没有人再敢在自然科学理论成熟完善的领域杜撰自然法则了。可以说在自然领域人们已经开始落实"顺其自然，无为而治"了。但是在社会人文领域，自郑子产铸刑鼎，人类也已经实行了几千年的所谓的法治。许多人思维有个误区，以为最高统治者的言出即法是人治，而统治集团的文出即法就是法治。其实无论言出即法还是文出即法都是统治者的人造之法，也许某些局部法条适应符合人文社会的客观规则，但在本质上仍然如同某法律学者所言：所谓法律就是统治者依据统治者意志以暴力为后盾向被统治者所颁布的命令。所以言出即法与文出即法都是彻彻底底的人治。就如古代有多少个部落就会伴生出多少个图腾神话来杜撰出多少个形形色色不同的自然法则系统一样，今日有多少个立法机构也同样伴生出多少个光怪陆离的各式人造法典大全。由于人类社会在自然领域步入了科学殿堂，今日科学理论所发现的自然法则已经基本上淘汰废弃了以前各部落各文化在自然领域所杜撰、炮制、人造的各种法则，使得科学法则成为指导人们的放之四海而皆准的唯一法则，从而使得人们在自然领域实现了中国先哲所憧憬的无为而治，即道治，也即科学之治。那么也可以同样憧憬，人类社会在人文领域步入科学殿堂之后，也会利用社会科学所揭示发现的社会客观法则来取替现今人们在人文领域所杜撰、炮制、人造的各种法则，使得人们在社会人文领域也能实现中国先哲所期盼的无为而治，即德治，也即科学之治。所以我们可以得到如下两个

定义：由人制定规则、法律、章程来治理社会的体制称之为**人治社会**，无论是由一个人还是一群人来制定这些规则、法律、章程，无论以什么程序来制定这些规则、法律、章程。

定义：遵守和根据社会自由客观规律来治理社会的体制称之为**德治**。德治的特征就是社会的每一次决策和判决都是以实现群体的最大利益或群体的最大满意度为目的。

人治与德治的最显著区别就是：人治的决策和判决通常都是随机不确定的，而德治的决策和判决总是唯一的。

例如针对一起纠纷案件，在人治社会，换个原告，换个被告，换个法庭，换个法官，换个律师，恐怕都会极大的改变案件的判决结果。但是在德治社会，只要案件明确，最后的判决一定是唯一的。（想详细了解请参考本书附录一和附录二）

公理一主张文明群体成员都是求逸厌劳的，那么接踵而来的问题就是整个文明群体是否也是求逸厌劳的呢？西方经济学将希望以最小代价获取最大利益的行为者称之为理性人，我们也将奉行求逸厌劳原则的文明群体称之为理性群体。显然今日的人类群体决不是理性群体，因为现今人类群体堪比懵懂无知的幼童，其自戕、自残甚至自毁行为比比皆是，不仅不是奉行求逸厌劳反而经常反其道而行

之。即使观察各生物群体，这些群体为了自身种群的繁衍壮大，其群体行为也都具备求逸厌劳之特性。那么人类群体是否会发展成为理性群体呢？对此我们也只能谨慎乐观。在后面的章节中可以证明一个奉行科学理论的文明群体一定能够进化为理性群体和民主群体。但是在人类历史上阻遏自然科学发展迫害科学人士的事件屡见不鲜，虽然今日看来自然科学理论已经成为了人类在自然领域占统治地位的主流学说，但社会科学理论是否也能步其后尘还是未定之天。再退一步，只要文明群体能够进化为民主群体，则文明群体也必然能够发展成为理性群体。不过此处所说的民主绝非现在某些西方国家鼓吹和实行的那种选举制度的"民主"，所谓一人一票选出个主子来为民做主的制度充其量只能说是选主制度。而选主与真正的民主完全是云泥之别的两个概念。后面本书将给出民主一词的定义和这两个结论的证明。

现在人工智能科学发展十分迅速，那么人工智能是否可能在未来取替人类呢？人工智能将具备超越所有生物包括人类的对事物的分析判断能力，甚至具备超越只有人类独具的对事物的抽象能力，也既人工智能具备了前述公理中公理四的属性，但是要替代人类还需要具备其它3个公理的属性。人工智能还需要具备出于自我需求而产生的满意度、厌恶度赋值判断，如此才能贯彻求逸厌劳原则，才能自我产生出源源不断的目标函数。做不到这些，那么取代人类也就无从谈起。当然了，如果将人工智能只移植到某生物体上，例如马牛猫鼠身上，恐怕人类将成为这个新生命体的附庸倒也并非不可思议之事。

第 四 章

财富函数及其推导

4.1 满意度函数及其推导

记 $u(n)$ 为人们在生产某财富活动中所支付的厌恶度，$M(n)$ 为所对应获取的满意度，n 为生产的财富量，显然 $M(n)$ 是单增函数，适当调整财富的单位量后，由公理二稀贵稠贱原理也容易证明 $M(n)$ 是凸函数，同理也可得 $u(n)$ 是凹函数。

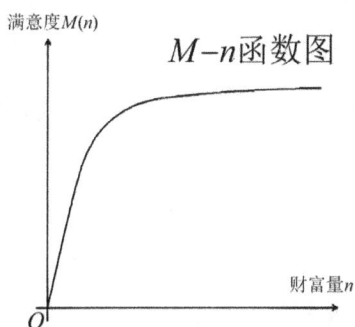

图 4-1 $M-n$ 函数图　　图 4-2 $u-n$ 函数图

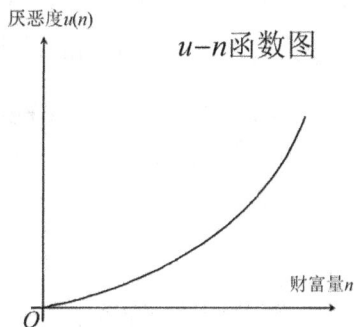

记 $n(u)$ 为 $u(n)$ 的反函数，所以有 $n(u)$ 是凸函数和 $M(u) = M(n(u))$，于是有

$$\frac{dM}{du} = \frac{dM}{dn} \cdot \frac{dn}{du} > 0$$

$$\frac{d^2M}{du^2} = \frac{d^2M}{dn^2} \cdot \frac{dn}{du} + \frac{dM}{dn} \cdot \frac{d^2n}{du^2} < 0$$

即 $M(u)$ 也为凸函数，记在时间 t

$$\frac{dM}{du} = \frac{1}{\theta(u,t)}$$

做 θ 函数的幂级数展开，因为 θ 函数在正实数轴上无零点，所以 θ 函数可表达为

$$\theta(u,t) = P_1(u,t)\prod_{i=1}^{n}(u+b_i)^{t_i}\prod_{j=n+1}^{m}((u+d_j)^2+b_j)^{t_j}$$

(4.1)

其中 $P_1(u,t)$ 为在复数域上无零点的函数，记 $P_2(u,t) = \dfrac{1}{P_1(u,t)}$，则得到

$$\frac{dM}{du} = \frac{P_2(u,t)}{\displaystyle\prod_{i=1}^{n}(u+b_i)^{t_i}\prod_{j=n+1}^{m}((u+d_j)^2+b_j)^{t_j}}$$

(4.2)

根据公理三，由于人类群体的需求项目有限，所以对应的生产项目与环节也有限，因此式中 n，m 是自然数，而 b_i，b_j，t_i，t_j 是大于零的实数，再根据公理二的稀贵稠贱原理，随着财富数量的增加将导致人们对满意度赋值的减少，所以 M 对 u 的二次导数为负数，因此有 d_j 为正实数。记 $[\tau]$，$<\tau>$ 分别为实数 τ 的整数和分数部分。

利用简单的数学方法，（4.2）式可整理为如下形式：

$$\frac{dM}{du} = P(u,t) + \sum_{i=1}^{n}\sum_{h=0}^{[\tau_i]}\frac{C_{h,i}}{(u+b_i)^{h+<\tau_i>}}$$
$$+ \sum_{j=n+1}^{m}\sum_{h=0}^{[\tau_j]}\frac{C_{h,j}^1 u + C_{h,j}^2}{((u+d_j)^2+b_j)^{h+<\tau_j>}}$$

(4.3)

其中 $P(u,t)$

（i）在复数域无 u 的奇点

（ii）有界且大于零 $0 < u < \infty$

（iii）$\dfrac{dP}{du} < 0$，$0 < u < \infty$

（iv）当 $u \to \infty$ 则 $P(u,t) \to 0$，不难证明，如上函数的原函数 $\int P(u,t)du$ 在 $0 \le u < \infty$ 区间上有界。而 $-e^{-f(u,t)}$，$\dfrac{df}{du} > 0$，$\left(\dfrac{df}{du}\right)^2 > \dfrac{d^2 f}{du^2}$ 与 $\int e^{-r(u,t)}du$，$\dfrac{dr}{du} > 0$，$0 \le u < \infty$ 是此原函数的两种基

本表示式。

（v）不排除对于不同值的 i，j 值，即 $i_1 \neq i_2$ 或 $j_1 \neq j_2$，但有 $b_{i_1} = b_{i_2}$ 或 $d_{j_1} = d_{j_2}$，$b_{j_1} = b_{j_2}$ 的可能。不失一般性，可以假设当 $i > l$ 时，τ_i 是自然数，当 $j > q$ 时，τ_j 是自然数。于是有

$$M(u,t) = -\sum e^{-f(u,t)} + \sum \int e^{-r(u,t)} du$$

$$+ \sum_{i=1}^{l} \sum_{h_i=0}^{[\tau_i]} C_{h_i}(1-h-<\tau_i>)(u+b_i)^{(1-h-<\tau_i>)}$$

$$+ \sum_{i=l+1}^{m} \sum_{h=2}^{\tau_i} C_{h_i}(1-h)(u+b_i)^{(1-h)}$$

$$+ \sum_{i=l+1}^{m} C_{h,i} \ln(u+b_i)$$

$$+ \sum_{j=m+1}^{q} \sum_{h=0}^{[\tau_j]} \frac{C_{h,j}^1}{2}((u+d_j)^2+b_j)^{(1-h-<\tau_j>)}$$

$$+ \sum_{j=m+1}^{q} \sum_{h=0}^{[\tau_j]} \int \frac{C_{h,j}^2 du}{((u+d_j)^2+b_j)^{h+<\tau_j>}}$$

$$+ \sum_{j=q+1}^{n} \sum_{h=2}^{\tau_j} \frac{C_{h,j}^1}{2}((u+d_j)^2+b_j)^{(1-h)}$$

$$+ \sum_{j=q+1}^{n} \frac{C_{h,j}^1}{2} \ln((u+d_j)^2+b_j)$$

$$+ \sum_{j=q+1}^{n} \sum_{h=2}^{\tau_j} \int \frac{C_{h,j}^2 du}{((u+d_j)^2+b_j)^{h}}$$

$$+ \sum_{j=q+1}^{n} \frac{C_{h,j}^2}{b_j} \cdot \arg tg(\frac{u+d_j}{\sqrt{b_j}})$$

以后称 $M(u,t)$ 为总满意度函数。

4.2 财富函数及其推导

下面我们来整理一下 $M(u,t)$ 的各函数项。

(i) 令 $\phi = -\sum e^{-f(u,t)}$，不难得到 ϕ 是以 0 为上确界的单增曲线，形如图 4-3。

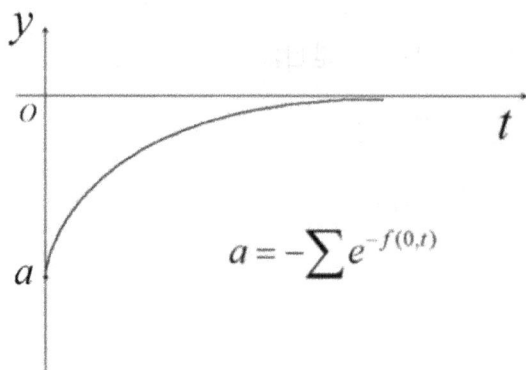

$$a = -\sum e^{-f(0,t)}$$

图 4-3 $\quad a = -\sum e^{-f(0,t)}$

(ii) 令 $\psi = \sum \int_0^u e^{-r(u,t)dt}$，则 ψ 是一有界的单增凸曲线，形如图 4-4。

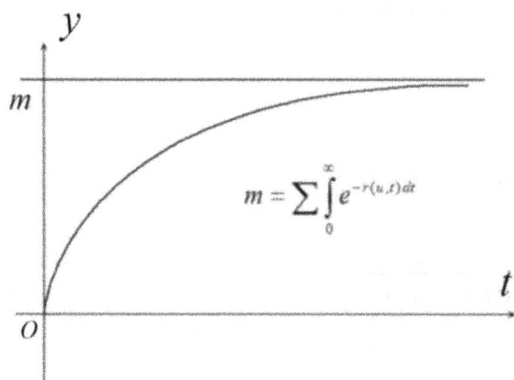

$$m = \sum \int_0^\infty e^{-r(u,t)dt}$$

图 4-4 $\quad m = \sum \int_0^\infty e^{-r(u,t)dt}$

(iii) $C(u+b)^{<\tau_i>}$ 可整理为 $C(ku+1)^\tau$，$0 < \tau < 1$，是为单增无界函数。

(iv) $-C(u+b)^{-\tau}$ 可整理为 $C(ku+1)^{-\tau}$，$\tau > 0$，是以 0 为上确界的单增凸函数。

(v) $C\ln(u+b)$ 是单调无界凸函数，可整理为 $C\ln(ku+1)$ 形式。

(vi) 记 $\zeta(u,t,\tau)=\int_0^u \dfrac{Cdu}{((u+d)^2+b^2)^{\tau}}$，则 $\tau>\dfrac{1}{2}$ 时 $\zeta(u,t,\tau)$ 是单调正值有界凸函数；尤其当 $\tau=1$ 时，$\zeta(u,t,\tau)=\dfrac{C}{b}\cdot arctg(\dfrac{u+d}{b})$ 可整理为 $C\cdot arctg(ku+b)$ 的形式；而当 $\tau>1$，$\zeta(u,t,\tau)$ 是以 0 为上确界的负值单调有界凸函数。

(vii) 若 $0<\tau\le\dfrac{1}{2}$，则函数 $\int_0^u \dfrac{Cdu}{((u+d)^2+b)^{\tau}}$ 是单调无界凸函数；尤其当 $\tau=\dfrac{1}{2}$ 时，$\zeta(u,\dfrac{1}{2})=C\cdot arsh(\dfrac{u+d}{b})=C\cdot\ln(u+d+\sqrt{(u+d)^2+b^2})$ 可整理为 $C\cdot\ln(1+ku+\sqrt{(1+ku)^2+b^2})$ 或的 $C\cdot arsh(ku+b)$ 形式，整理后的 ζ 表示式为 $\zeta(u,\dfrac{1}{2},c,k,b)$。

(viii) 记 $\xi(u,t,\tau)=\int \dfrac{C\cdot udu}{((u+d)^2+b)^{\tau}}$，则当 $\dfrac{1}{2}<\tau<1$ 时，$\xi(u,t,\tau)=C\cdot(1-\tau)((u+d)^2+b)^{(1-\tau)}$ 是单调无界凸函数，整理后为 $C\cdot((ku+b)^2+1)^{\tau}$ 形式。当 $\tau=1$ 时，$\xi(u,t,1)=\dfrac{C}{2}\ln((u+d)^2+b)$，可整理为 $\xi(u,t,1)=C\cdot\ln((ku+b)^2+1)$ 形式。当 $\tau>1$ 时，

$\xi(u,t,\tau)=-C\cdot((u+d)^2+b)^{(1-\tau)}$ 是以零为上确界的负值单调凸函数，整理后为 $-C\cdot((ku+b)^2+1)^{-\tau}$ 形式。

前文中每当我们说将函数整理，其意即是将函数中的各参数都统一用 C，k，τ，b 来表示，以利于以后的分析，整理前后的函数也许相差一个常数项，但其形态并无改变。

如此我们得到了如下四类函数。

（一）负值类函数：$\phi(u,t)$，$-C(ku+1)^{-\tau}$，$-C((ku+d)^2+1)^{-\tau}$

（二）有界类函数：$\psi(u,t)$，$\zeta(u,t,\tau)$，$\frac{1}{2}>\tau\geq 1$，尤其

$\zeta(u,t,1)=C\cdot arctg(ku+b)$。

（三）对数型增长类函数：$C\cdot\ln(ku+1)$，$C\cdot\ln((ku+b)^2+1)$，

$C\cdot\ln(1+ku+\sqrt{(1+ku)^2+b^2})$。

（四）幂数型增长类函数：$C(ku+1)^{\tau}$，$0<\tau<1$；

$C\cdot((ku+d)^2+1)^{\tau}$，$0<\tau<\frac{1}{2}$；$\zeta(u,t,\tau)$，$0<\tau<\frac{1}{2}$。

上述的各种函数表达的都是文明群体以支付厌恶度而获取希冀的满意度过程中，文明群体所获取的满意度与其相对应支付厌恶度之间的函数关系。其中每一个函数或许表示某个财富赋予的满意度与所需支付厌恶度的函数关系，也或许表示某个财富某一生产环节中的该函数关系，当然这样的函数关系更可能是上述各种函数的某种线性组合表达形式。

以后我们将以 $f(u,t)=-\dfrac{C}{ku+1}$，$g(u,t)=C\cdot artg(ku+b)$，$h(u,t)=C\cdot\ln(1+ku)$，$P(u,t)=C\cdot(ku+1)^{\tau}$，$0<\tau<1$ 这四个函数分别做为这四类函数的代表函数进行讨论。

定义： 我们将上述四类的函数称为**基本财富函数** $\delta(u)$，而由基本财富函数线性组合构成的函数称为**一般财富函数** $\sigma(u)$。对自然界任何事物 ω，人们都会根据自身需求对其形成是否满意或者厌恶的利害判断，同时也具备对该事物趋利避害的具体作用能力。如果人们对该事物的利害判断与作用能力符合财富函数 σ 的函数关系，则记为 $\omega\in\{\sigma\}$。显然 $\{\sigma\}$ 是一个事物集合。而且自然界任一事物都将如此对应于某个财富函数。如果某个事物在人们的判断中无益无害，则称该事物属于集合 $\{o\}$。$\{o\}$ 代表人们对其满意度赋值为 0 的事物集合，此集合并非空集。反之对于任一财富函数，其对应的函数簇

却可能是空集。

定义：基本财富函数中的系数 C 这个数值的大小取决于群体对该财富的需求程度，是群体根据自身需求性所给予财富的一个主观赋值，所以将 C 称为**赋值系数**。从财富函数的表达式可以轻松看出，系数 k 越大，人们在该财富的生产中获取等量的满意度所需支付的厌恶度亦越小，所以将系数 k 称为**技能系数**或**效率系数**。如果财富函数中令 $u=0$，则此时此函数的数值表示人们对该事物没有施以任何作用下该事物所表现的自然属性，如果数值为正即为天然财富，数值为负即为天然灾疫。而这个数值主要取决于系数 b，所以将系数 b 称为**环境系数**或**资源系数**。

在财富函数中不论是 u 还是系数 C，b，k 都是时间 t 的变量，在文明群体的发展过程中，这些参量都将随着时间的推移而产生变化。尤其技能系数 k 是最为活跃的变量，随着文明群体的实践与经验的积累以及认知的提高，群体的技能系数必然是随时间趋势性单调增长的，不失一般性也可以认为群体的技能系数亦是随时间单调增长的。同时赋值系数、环境系数不仅是时间的因变量，也是最活跃系数 k 的因变量。

4.3 基本财富函数的讨论

下面我们简要讨论一下基本财富函数。

（1）**负值类财富函数**：这类函数通常表示自然灾疫，人类成员身体健康不适抑或人类群体内部自耗等事物。例如自然界的洪水，地震，恶劣的气候环境，人类的各种疾病以及群体内部各种欺诈，偷窃，抢劫等内耗行为。这些事物都给群体带来负的满意度。但是群体也可以通过支付劳动的方式来减少这类事物给群体带来损耗的程度。比如该类事物对应的负值函数为 $-\dfrac{C}{ku+1}$，如果群体不去抑制此事物的危害，该事物给群体带来的厌恶度为 C。而只要群体肯于支付劳动去减少该事物产生的厌恶度，由于 $ku+1>1$，所以其厌恶度必然被减少。不难计算出为减少该事物所带来的厌恶度，支付 $\sqrt{\dfrac{C}{k}}-\dfrac{1}{k}$ 的劳动是最佳的。此时该事物给群体带来的厌恶度剩余为 $\sqrt{\dfrac{C}{k}}$，群体由此获取的纯收益为：原厌恶度 - 现厌恶度 - 支付的厌恶度 $= C-\sqrt{\dfrac{C}{k}}-\sqrt{\dfrac{C}{k}}+\dfrac{1}{k}=C+\dfrac{1}{k}-2\sqrt{\dfrac{C}{k}}$

可见随着群体技能系数 k 的提高，群体的纯收益将趋近于 C，从而消除该事物给群体带来的厌恶度。

（2）有界类财富函数：此类财富能够给社会提供的满意度是低于某个具体数值的，即使此类财富的生产技能极高也如此。所以此类财富的受众仅仅是极少数社会成员。例如千年雪莲或者百年人参即属于此类财富。总之它应该属于那种自然界提供的有限资源财富，此类财富提供的满意度在全社会获取的总满意度中的占比微不足道，所以我们在以后的讨论中将忽略这类财富。其实有界类财富与负值类财富就数学表达式而言只是相差一个常数而已，而正负常数可以分别理解为天然财富或天然灾疫。有界类财富函数减去一个适当正常数就是负值类函数，负值类函数加上一个适当正常数就是有界类函数。但是两者的涵义却有很大的区别，因为负值财富函数是有可能负无界的。比如毁灭生存环境的巨大天灾和殃及众生的恶性疾病。

（3）对数型与幂数型增长类财富函数：这些财富函数都是无界函数，所以它们所对应的财富都是可以惠及众生的，也既随着社会文明的发展，它们是社会大生产的普及类财富。例如手机、彩电、空调、高功能住宅楼宇等等。

回顾财富函数推导过程中，首先是利用求逸厌劳公理中延伸出的满意度、厌恶度概念，继而再利用稀贵稠贱公理推导出对应于财富数量的消费与生产，$M(n)$ 与 $u(n)$ 分别是具有凸性质与凹性质的函数，

从而推导出 $M(u)$ 是具有凸性质的函数。又利用公理三所阐述的需求项目有限性进而推导出四类财富函数。前面曾经表明公理一～三不仅适用于人类文明群体，同时也适用于任何非单一需求的生命群体。而人类文明群体与一般生命群体的最本质区别亦在于财富函数中的技能系数 k。由于文明群体的经验、文化、知识具备传递性，对时间变量而言文明群体的技能系数具有趋势性单增特征，所以文明群体的生存状态也是逐步提升日益改善。但是一般生命群体的技能系数基本固滞，因此它们的生存状态也基本代复一代延续，或者被动的因资源系数的改变而改变自身的生存状态。

此外从 $M(u)$ 函数的推导中也可知此函数关系对个体、集体、经济体以及整个人类群体都适用。只是针对不同对象会有不同的赋值系数、资源系数、技能系数。

4.4 财富生产的最优数量

观察函数 $\dfrac{M(A,n)}{n}$ 与 $\dfrac{u(A,n)}{n}$ 的合成图如图 4-5。

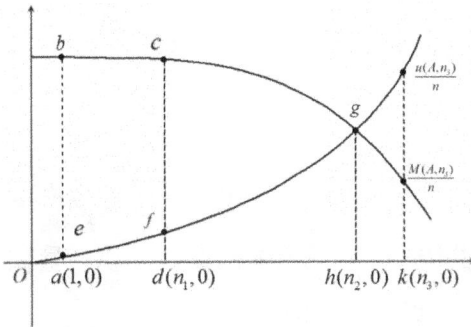

图 4-5

其中 n 表示某消费类财富 A 的数量，$M(A,n)$ 曲线表示当市场生产提供 n_1 数量财富 A 时，无论财富 A 是统一价格还是阶梯价格出售，财富 A 都将为社会提供等同于由图中 $a=(1,0)$，b，c，$d=(n_1,0)$ 四点所围区域面积 S_1 的满意度，也既 n_1 件财富 A 将在市场上得到 S_1 元的销售收入。同理，a，e，f，d 四点所围区域面积 s_1 表示生产 n_1 件财富 A 社会所支付的厌恶度。当市场生产提供 n_2 件财富 A 时，曲线 $\dfrac{M(A,n)}{n}$ 与 $\dfrac{u(A,n)}{n}$ 相交于 g 点，此时 n_2 件财富 A 为社会提供图中 a，b，g，$h=(n_2,0)$ 四点所围区域面积 S_2 的满意度，以及社会也将为生产这些财富支付图中 a，e，g，h 四点所围区域面积 s_2 的厌恶度。当市场提供 n_3 件财富 A 时，此时 $\dfrac{M(A,n)}{n} < \dfrac{u(A,n)}{n}$，而 n_3 件财富 A 为社会提供图中 a，b，$\dfrac{M(A,n_3)}{n}$，$k=(n_3,0)$ 四点所围区域面积 S_3 的满意度，以及社会也将为生产这些财富支付图中 a，e，$\dfrac{u(A,n_3)}{n}$，k 四点所围区域面积 s_3 的厌恶度。

　　按照西方经济学的观点，无论财富数量 A 的生产供给是 n_1，n_2 还是 n_3，市场都是实现了需求供给的平衡。可是这三种情况下的满意度剩余是有着十分明显的区别。显然在财富 A 供给数量 n_2 情况下达到最大满意度剩余。我们称财富 A 实现 n_2 数量的生产为最佳供需平衡，财富 A 实现 n_1 数量的生产为低效供需平衡，财富 A 实现 n_3 数量的生产为过耗供需平衡。

　　西方经济学中在讨论生产成本边际效益时也曾经使用过类似于上面图 4-5 的图表，其中以总价格 $P-(A,n)$ 除以产量 n 的曲线实际上等价于 $\dfrac{M(A,n)}{n}$ 曲线，而以总成本 $C(A,n)$ 除以产量 n 的曲线替代了图 4-5 中的 $\dfrac{u(A,n)}{n}$ 曲线。见图 4-6

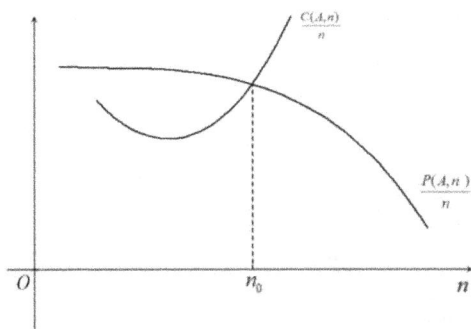

图 4-6

从而得出生产者的最佳产量是 n_0。两个图表虽然形式上几乎相同，但是最终结论却迥异。

由第二章我们知道厌恶度与工薪报酬存在一个差值率，也既厌恶度是求工者对工薪报酬的最低临界要求，所以工薪报酬起码要比厌恶度高出一个数值 P。而作为消费财富 A 而言，在其前也将有若干上游企业为其提供半成品与各类生产工具、设备、厂房、及各种设施等等，而在 $u(A,n)$ 中的核算中只叠加其半成品中所支付的厌恶度与分摊各种设施中所支付的厌恶度，可是在 $C(A,n)$ 核算中却要叠加与分摊所有上游企业的利润 q。如果初级生产资料还有地域垄断性质的话，生产成本还需要额外增加初级生产资料所附带的垄断利润 r。所以有

$$C(A,n) = u(A,n) + \sum p + \sum q + \sum r$$

此处 $\sum p$、$\sum q$、$\sum r$ 分别代表上游企业的各 p、q、r 的总和。

即使我们假设生产财富 A 的厂家商品不再经由下游的流通环节直接进入最终消费者手中使得财富 A 完成对社会提供的满意度实现，那么联立图 4-5 与图 4-6 得图 4-7。

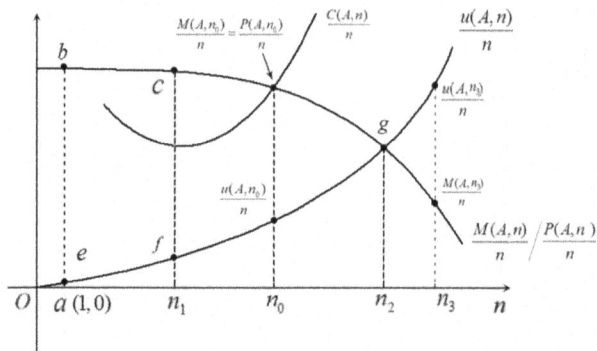

图 4-7

图 4-7 中 n_0 是依据资本利润最大化原则实现的财富 A 最优生产数量， n_2 是依据求逸厌劳公理实现财富 A 最大满意度剩余原则的财富 A 最优生产数量。由图中明显看出 $n_0 < n_2$，也既依据资本利润最大化原则所从事的最优生产数量也必然会损失掉由 $\dfrac{M(A,n_0)}{n} = \dfrac{P(A,n_0)}{n}$、$g$、$\dfrac{u(A,n_0)}{n}$ 三点所围区域面积的满意度剩余。所以此时的生产也只能实现财富 A 的低效供需均衡。

在上面讨论中我们省略了财富 A 生产企业的下游流通环节因素，如果再增加这一因素考虑的话，不难证明依照资本利润最大化的财富 A 生产量 n_0 与实现最大满意度剩余的财富 A 的生产量 n_2 的差值会更大，因而损失的满意度剩余亦会更大。

定义：我们以后将生产量 n_2 称为**财富生产的佳量**，生产量 n_0 称为**财富生产的润量**。而将与佳量对应的厌恶度付出称为**佳点**，与润量对应的厌恶度付出称为**润点**。

从上面的分析不难看出，即使财富 A 的生产企业以及所有相关的上下游企业甚至包括所有初级生产资料地域都归属于同一个企业，但是只要存在雇佣制度，存在厌恶度与劳动薪酬的差值率，也即 $\sum p > 0$，则满意度剩余的损失就必不可免。

实现最大满意度剩余是理性个体的最优选择，同时也是理性文明群体的最优选择。现在我们可以归纳出如下

定理 4-1：如果一个文明经济体奉行资本利润最大化原则，即使经济体中的所有生产企业都实现了最优生产策略，该经济体依然是只能实现低效均衡的经济体，而绝非是一个理性群体的经济体。

所以在一个不以人而是以资本为服务对象的社会经济体里是不可能实现以人为本的最佳资源配置。

第五章

财富分类与生产函数

5.1 财富分类

称一个文明群体的地域资源规模、群体人员规模，群体文化系统及财富函数中的技能系数集合 $\{k_i\}$ 这些可以扩张或收缩的状况为该**经济体的边界条件**，称文明群体现有的财富状况、生产状况以及财富收入分配基尼曲线、存量占有配置基尼曲线为该**经济体的初始条件**。则对具有不同边界条件、初始条件的经济体所对应的满意度函数也将是不同，不仅是其中各基本财富函数的赋值系数、资源系数、技能系数的不同，更主要的是构成一般财富函数的基本财富函数的组合也会有诸多不同。

由数学理论得知解析函数可以任意逼近任何连续函数，满意度函数的推导过程也给出了任何财富 A 的财富函数都是一些基本财富函数的线性组合。不妨以为对于某一财富的生产过程中，每个基本财富函数代表着一个生产环节的满意度与厌恶度的函数关系。如果该财富的一般财富函数是由 n 个基本财富函数的线性组合构成，则以为该财富需要 n 个生产环节。

以后我们以年为经济体的单位经济周期来考察经济体的满意度函数 $M(u,t)$。首先对财富进行如下分类，能为人直接提供需求满意度的财富称为**消费类财富**，这类财富又分为：1、易耗型财富，即可以在消费周期内完成消费的财富，如食品类财富与服务类财富。2、耐用型财富，如房屋、家用汽车、冰箱彩电类可以跨若干消费周期持续向消费者直接提供需求满意度的财富。3、工具类财富，如工厂、农田、化肥、农药、各式机床、铸造锻压设备、各式工程机械设备、以及相关设施。这些设备、设施并非人们直接需求的事物，但是它们可以在财富生产过程中大幅度的减少劳动者的厌恶度支出，或者可以在公共服务产业方面为群体成员提供更加高效、优化的满意度输出。

同样我们也可以将财富分为**流量型财富**与**存量型财富**两类，所谓流量型财富就是当年生产即当年消费掉的财富，其它亦称为存量型财富。显然易耗型财富都是流量型财富，耐用型财富都是存量型财富，而工具类财富基本上也都是存量财富。

很多时候很难区分工具类财富与耐用类财富。比如一辆轿车在用于出租用途时，它是为乘客提升出行便利与满意度的交通工具和平台，属于工具类财富，但是作为家庭私人用品时却属于个人拥有的耐用型财富。一台机床并非能够为某个资本家的个人需求直接提供满意度，但却是为资本家的企业创造利润的必要工具，而当机床属于资本家私人占有后，这个机床也便成为了该资本家的个人耐用型财富。

为了以后的分析方便，我们将所有可以为个人或公共群体直接提供需求满意度的物品归于易耗或耐用型财富也既消费类财富，而将只能用于生产易耗型、耐用型以及工具类财富的各类辅助型设备、设施称为工具类财富，而不论该财富是否用于资本运营。如此规定下，火车、公路、桥梁、体育场等也都将归属于耐用型财富类名下。

5.2 按价核算与按本核算：
初级文明群体与理性文明群体的分水岭

人们只能从消费类财富中直接获取需求的满意度，而工具类财富仅仅降低人们在财富生产中的厌恶度的支出，所以工具类财富仅仅是人们间接需求的事物。耐用性财富与工具类之所以称为存量型财富就在于它们可以跨若干经济周期而持续为人们获取满意度发挥作用。对于存量型财富，现在各种经济学说都是以原值减去折旧值来核算其现值，而我们将采取更合理更科学的方式来做这样的核算。

人们用十万元厌恶度建造了一所住宅房子，假设这个房子可以正常使用五十年，如果每年投入一千元维护，则这个房子可以使用一百年。显然住宅房屋是存量财富，它可以长时期的为人们提供住宅休息的需求满意度。为了更明确的解释概念，我们再假设该房屋每年提供满意度的功能都是同一不变的。在此我们先暂时忽略房屋新旧所带来的功能差异。首先规定房屋初始之时房屋的厌恶度存储为十万元，如果房屋无维护的使用了十年，则称房屋此时的厌恶度存储为八万元。如果房屋有维护的使用了十年，则称此时的房屋存储厌恶度为九万元。相当于该房屋每年等量的消费了二千元的厌恶度支付。

人们盖楼房需要挖掘地基，如果不使用工程设备需要投入十万元人工厌恶度。但是使用挖掘机后只需要投入一千元人工厌恶度。假如制造这个挖掘机需要十万元厌恶度投入，如果不投入维护费用，该挖掘机全寿命可以挖掘五十个这样的地基，每次使用后投入一千元厌恶度的维护则可挖掘 100 个这样的地基。即该挖掘机每次使用都等量消耗二千元的厌恶度。称该挖掘机初始之时的厌恶度为十万元，无维护的使用了十次后，则称挖掘机此时的厌恶度存储为八万元 B。如果挖掘机有维护的使用了十次，则称此时的挖掘机存储厌恶度为九万元。

定义：如果人们支付了 n 元厌恶度生产了财富 B，经过时间 t 的使用，消费了财富的 m 元厌恶度，而期间人们又投入了 h 元厌恶度的维护。则称财富 B 的初本为 n 元，称 t 时间的财富 B 的现本为 $n+h-m$ 元。即我们将存量财富 B 的初始厌恶度存储量称为**初本**，现时的厌恶度存储量 v 称为**现本**或**存本**。同时记 $M(v)$ 为该存量财富 B 还可以为社会提供多少满意度的数值并且称之为**存量财富的存值**。

以一个资产物品可以在市场上出售多少价格来度量其财富性，或曰以一个资产物品还可以为社会提供多少满意度来度量其财富性，称这样的度量方式为按价核算。如果以一个资产物品中还有多少劳动厌恶度凝结来度量其财富性，则称这样的度量方式为**按本核算**。即以 $M(v)$ 来度量其财富性为**按价核算**，以 v 来度量其财富性就是按本核算。

两种核算方式的区别有些类似于物理学中质量与重量的区别。任何物体都有质量与重量的两个物理属性，但是质量才是物体的内禀属性，而重量不过是质量在引力场中的表现属性而已。相对于满意度而言，在后面的分析中我们会发现厌恶度也具有某种内禀不变性质。

迄今为止人们已经习惯于按价核算的方式，它的好处是显而易见的，等价的资产物品可以在市场上实行互换。但是等价交换原则可以被理解为求逸厌劳公理的一个推论，所以按价核算方式仅仅是对等价交换原则的一个重复表述而已。而按本核算才触及了经济活动中生产、流通、交换、分配及消费的内禀属性，才揭示了一个文明经济群体如何实现最大满意度剩余的本质问题。甚至可以说按价核算与按本核算方式的选择是判别初级文明群体与理性文明群体的分水岭。

人们只能从消费类财富中获取直接的需求满意度，记每个消费周期文明群体从易耗财富与耐用财富中分别获取了 M_1 和 M_2 的满意度，同时人们也将在以下几个方面支付相应的劳动厌恶度：

1、用于易耗类财富生产的劳动厌恶度付出，一部分来自于本年的厌恶度付出记为 d_1，一部分来自于存量财富中所凝结的厌恶度分摊记为 v_1。例如用于食品产业的耕种属于当年的厌恶度付出，而由于使用了农业机械设备就属于分摊了存量财富所凝结的厌恶度。因为易耗财富都是在本消费周期被消费，所以当年投入到易耗类财富的厌恶度都不再有存本。

2、用于耐用类财富生产的劳动厌恶度付出，同样也是一部分来自于当年的厌恶度付出记为 d_2，一部分来自于存量财富中所凝结的厌恶度分摊记为 v_2。由于 d_2 可以有存本，所以记 $d_2 = d_2^1 + d_2^2$，其中 d_2^1 为当年消耗了的厌恶度，d_2^2 为 d_2 的存本。

3、用于工具类财富生产的劳动厌恶度付出，同样也是一部分来自于当年的厌恶度付出记为 d_3，一部分来自于存量财富中所凝结的厌恶度分摊记为 v_3。由于 d_3 也可以有存本，所以记 $d_3 = d_3^1 + d_3^2$，其中 d_3^1 为当年消耗了的厌恶度，d_3^2 为 d_3 的存本。

4、用于教育与研发的劳动厌恶度付出 g。教育提升群体成员的劳动技能，研发提升群体的文化、文明与生产效率。虽然在这两方面支付的厌恶度效用会在未来逐步体现，但是在每个消费周期中群体都受益于自己早前在这两方面的投入，所以为了便于核算，不妨将这两方面的厌恶度付出列入当年服务业的生产之中。

由上所述我们得到文明群体在一个消费周期中获取的总满意度为 $M = M_1 + M_2$，当期相应支付的厌恶度为 $Y_1 = d_1 + d_2 + d_3 + g$，为获取 M 满意度所支付的厌恶度为 $Y_2 = Y_1 + v_1 + v_2 + v_3 - d_2^2 - d_3^2$。当期分摊支付的以前存本为 $v_1 + v_2 + v_3$，当期提留的存本为 $d_2^2 + d_3^2$。所以本消费周期新增的存本为 $d_2^2 + d_3^2 - v_1 - v_2 - v_3$。如果以 F_i 记经济体第 i 年的存量财富存本，v^i 记第 i 年的新增存本，则有 $F_{i+1} = F_i + v^i$。

5.3 生产函数

在西方经济学中用生产函数 $Q = f(L, K)$ 来表示投入与产出之间的关系。此生产函数假定生产中只使用劳动 L 和资本 K 这两种生产要素，产出量随 L 和 K 的投入量而变化。其实资本所能调用的要素无非是劳动和其它各类资产，如土地、厂房、设备以及相关配套设施等等。而这些资产统统都是社会的存量财富，根据按本核算原理，这些资产也都是人们以前的劳动厌恶度存本所对应的存量财富。所以所谓的资本要素不过是如何调用组织存本的要素，归根结底还是劳动要素。显然西方经济学的这种生产函数是一种床上叠床的表述方式，但是对于必须按价核算的资本而言，资产必然是劳动与利润的混合体。因为资本关注的核心是利润而非社会的最大满意度剩余。所以相应的理论学说建立这样的生产函数也是无奈。这种生产函数不过为了强调资本才是财富创造不可或缺的要素。

由上一章我们知道任何人们生产的财富 A，针对 A 的具体生产方式 j 都会对应一个财富函数如下

$$m_A^j(u) = \sum_{i=1}^{n_i} a_{A,i}^j \delta_{A,i}^j(u)。$$

此处 $\delta_{A,i}^j(u)$ 表示财富 A 生产中满足基本财富函数关系的一个最简单生产环节，$a_{A,i}^j$ 是相对应的适当系数。若在一个 $\delta_{A,i}^j$ 环节生产过程中劳动者支付了 $u_{A,i}^j$ 元的厌恶度，则 $u_A^j = \sum_{i=1}^{n_i} a_{A,i}^j u_{A,i}^j$ 表示在 j 生产方式下人们为生产财富 A 支付的厌恶度总和。由于财富生产的不同环节的劳动类型是不同的，在此我们假设 $\{u_{A,i}^j\}$ $i = 1, 2, 3, \cdots\cdots n_i$ 是适配的，即当各环节分别支付了 $u_{A,i}^j$ 劳动厌恶度后恰好可以生产出整数量的财富 A。如果某上游环节多支付了某些厌恶度，可以记为存量财富的存本之中。如果财富 A 有 h 种不同的生产方式，记

$$m_A(u) = \sum_{j=1}^{h_j} \sum_{i=1}^{n_i} a_{A,i}^j \delta_{A,i}^j(u) \tag{5.1}$$

$$u_A = \sum_{j=1}^{h_j} u_A^j = \sum_{j=1}^{h_j} \sum_{i=1}^{n_i} a_{A,i}^j u_{A,i}^j \tag{5.2}$$

则 $m_A(u)$ 表示文明群体在财富 A 上获取的满意度，并且是以货币计量，而 u_A 表示文明群体在财富 A 生产上所支付的厌恶度，同样也是以货币计量。分别称上述两式函数为关于财富 A 的生产函数与劳动函数，这两个式子显示了人们在财富 A 的生产消费中的投入产出关系，u_A 是人们给与的投入，$m_A(u)$ 是人们从中获取的产出。

显然在这个生产函数式中，在文明经济体的确定边界、初始条件下，产出仅仅与人们的劳动相关。

由于人们的需求项目是有限的，所以人们生产的财富种类也是有

限的，假设人们所生产的财富种类总数为 N 。则

$$M(u) = \sum_{A=1}^{N} m_A(u) = \sum_{A=1}^{N} \sum_{j=1}^{h_j} \sum_{i=1}^{n_i} a_{A,i}^j \delta_{A,i}^j(u) \qquad (5.3)$$

$$u = \sum_{A=1}^{N} \sum_{j=1}^{h_j} \sum_{i=1}^{n_i} a_{A,i}^j u_{A,i}^j \qquad (5.4)$$

分别表示文明群体从整个生产活动中获取的总满意度与支付的总厌恶度。这两个公式才是揭示人们经济活动中的总产出与总投入关系的生产函数，分别称上述两个函数为总生产函数与总劳动函数，这两个函数直接揭示了人们投入的厌恶度与获取的满意度之间的函数关系。而且 $M(u) - u$ 更是表示文明群体在整个生产活动中所得到的满意度剩余。

换言之，一个经济体在群体规模、地域规模、技能条件和文化系统这些边界条件以及这个经济体的生产资源、财富存本量、财富配置及财富分配体系这些初始条件明确情况下，该经济体的财富产出及享用仅仅与其所投入的劳动厌恶度相关。

其实（5.1）（5.2）与（5.3）（5.4）式也可以看作是需求函数与供给函数。在西方经济学中需求函数与供给函数都被看成是价格的函数。而价格只不过是货币发行量与财富配置、财富分配关系的因变量而已。所以西方经济学所说的需求函数与供给函数本质上应该是货币发行量与财富配置、财富分配关系的函数而已。如果财富配置、财富分配关系明确，所谓货币量与价格就是简单的线性比例关系，所以需求函数与供给函数归根结底只与财富配置、财富分配关系以及劳动厌恶度付出相关。

5.4 几点梳理

我们已知当一个经济体的边界条件、初始条件明确时，在任意时刻 t 该经济体的总满意度函数既是确定的，而总满意度函数中的所有基本财富函数的环境资源系数、赋值系数、技能系数也都是确定的。

结合财富分类及上述（5.3）（5.4）两式做如下几点梳理：

5.4.1 赋值系数与财富配置、财富分配方式相关

总满意度函数中各财富函数的赋值系数不仅与群体的文化系统相关更与群体的财富配置与财富分配方式相关，在一个财富配置与财富分配不公平的群体中将会出现严重的贫富分化现象，导致极大多数的人群只能购买必须的生活、生存用品而无能力购买享用改善、优质型生活用品，从而使得改善、优质类财富产品的赋值降低。同时少数的富人阶层因为拥有超量的财富与货币也将使得那些并无使用价值仅为用来展示富贵身份的奢侈品价格更加昂贵。所以财富分配是否公平是影响财富函数赋值系数的极其重要因素。

5.4.2 生产函数的组合表达

在时间 t 确定条件下，总满意度函数与生产函数（5.3）式是完全相同的。只不过某些上游环节的基本财富函数在总满意度函数中被统一表达而在生产函数中却被拆分在几个终极财富的线性组合表达式之中。比如某个上游生产环节财富或中间商品 $\delta(u)$ 被下游两个产品 A、B 所需要，其中财富 A 占其产量的三成，财富 B 占其产量的七成。$\delta(u)$ 可以分解为

$$\delta(u) = \delta_1(u) + \delta_2(u)$$
$$= \frac{3}{10} \cdot \delta(\frac{10}{3} \cdot u_A) + \frac{10}{10} \cdot \delta(\frac{3}{10} \cdot u_B)$$

其中 $u_A = 0.3u$，$u_B = 0.7u$。则 $\delta_1(u)$，$\delta_2(u)$ 分别为财富 A 与财富 B 的财富函数中线性组合表达式的基本财富函数分项。不难验证 $\delta(u)$，$\delta_1(u)$，$\delta_2(u)$ 的佳点也是完全一致的。如果 $\delta(u)$ 被若干下游产品所需要，可依此推导出

$$\delta(u) = \sum_{i=1}^{n} \delta_i(u)$$

$\delta_i(u)$ 为第 i 项产品财富函数中线性组合表达式的基本财富函数

分项。而且对于所有 $0 < i < n$ ，$\delta_i(u)$ 都与 $\delta(u)$ 有相同的佳点。

5.4.3 耐用性财富的生产函数表达

对于耐用性财富 A ，假设其财富函数为 $\sigma(u)$ 并且可以持续释放满意度 10 年（10 个消费周期）。为了简单化不考虑其折旧因素，则 $\sigma(u)$ 可以表示为

$$\sigma(u) = \sigma_1(u) + \sigma_2(u)$$
$$= \frac{1}{10} \cdot \sigma(10u_1) + \frac{9}{10} \cdot \sigma(\frac{10}{9} \cdot u_2)$$
$$u_1 = 0.1u , \quad u_2 = 0.9u$$

这个式子表明在第一个消费周期该耐用性财富释放出了自身 $\frac{1}{10}$ 的满意度，另有 $\frac{9}{10}$ 的满意度存量将在未来的 9 个消费周期中被均匀体现。也可以说生产耐用性财富所支付的厌恶度在第一个消费周期被消耗了 $\frac{1}{10}$ ，另有 $\frac{9}{10}$ 的厌恶度支付被存储了起来。

5.4.4 工具类财富的财富函数表达

对于工具类财富 A ，因为工具类财富并不为群体成员提供直接的满意度而只是为人们的生产提供效率。假设人们在某个生产环节中需要支付 10000 元的厌恶度，而使用工具 A 则只需支付 500 元厌恶度，但是制造工具 A 却需要 1900 元的厌恶度付出。那么财富 A 的财富函数可以简单理解为 $\sigma(u) = 5u$ ，我们可以把这种线性函数理解为是幂数型基本财富函数的极限形式。如果这个工具类财富 A 可以使用十年，为了简便起见，不去考虑其折旧， $\sigma(u) = 5u$ 也可以表达成

$$\sigma(u) = \sigma_1(u) + \sigma_2(u) = 5u_1 + 5u_2$$

其中 $u_1 = 0.1u$ ，$u_2 = 0.9u$ 。即在第一个消费周期消耗了工具 A 的 $\frac{1}{10}$ 厌恶度付出，另有 $\frac{9}{10}$ 的厌恶度付出作为存本被储蓄了起来，且以此类推。因为工具类财富 A 的财富函数与其所替代劳动所生产

产品的财富函数相关，所以 A 的财富函数决不会是 $5u$，这里仅仅是为了便于说明才以 $5u$ 来暂时替代其财富函数。而其真实的财富函数要复杂的多。

5.5 误入歧途的西方经济学

当把（5.3）式看作生产函数时，只要（5.4）式中的劳动函数

$$u = \sum_{A=1}^{N} \sum_{j=1}^{h_j} \sum_{i=1}^{n_i} a_{A,i}^{j} u_{A,i}^{j}$$

的数值明确，则

$$M(u) = \sum_{A=1}^{N} \sum_{j=1}^{h_j} \sum_{i=1}^{n_i} a_{A,i}^{j} \delta_{A,i}^{j} (u_{A,i}^{j})$$

可以看作所有产品的总产值，也可以从具体产品财富的生产函数

$$m_A^j(u) = \sum_{i=1}^{n_i} a_{A,i}^{j} \delta_{A,i}^{j} (u_{A,i}^{j})$$

中推导出其具体产品的生产数量，从而得出整个经济体的所有产品的生产数量。总之经济体的生产函数只与经济体所投入的劳动函数 u 的具体数值相关。而经济体的具体劳动函数则与该经济体的组织体系、生产体系尤其分配体系密切相关。如何组织构成劳动函数并非是资本的专利，事实上由资本来承担这个角色不仅是低效而且是愚昧的。所以西方经济学搭构的所谓生产函数关系 $Q = f(L, K)$ 从本质上就进入了迷途。这里 Q 表示生产产出量，L 表示劳动，K 表示资本。

当把（5.3）式看作需求函数时，同样只要劳动函数的数值明确，则 $M(u)$ 可以被理解为整个经济体对商品和劳务能够提供或者购买的总量，换言之就是西方经济学中所谓的总供给或者总需求。所以如此总供给、总需求的结果本质上依然与经济体的组织体系、生产体系尤其分配体系密切相关，与各个财富自身体现的满意度属性相关。而货币本质上只不过是人们度量满意度的工具而已。如果某些产品产量不足或者产量泛滥过剩，根据稀贵稠贱公理自然会导致其价格偏高或者偏低，所以商品的价格实际是自身满意度属性和商品产量

的因变量。而把总需求、总供给当作是价格的函数的那些 $As-Ad$ 分析也同样是误入歧途。

5.6 重新注解总需求与总供给：总投入与总收入

现在我们从求逸厌劳公理来重新注解这所谓的总需求、总供给概念。实际上一个经济体总是投入劳动厌恶度来获取更大的满意度。

定义：我们将一个时期内经济体所投入的劳动厌恶度总和称之为**总投入**或**总支付**，而将该经济体在这个时期内获取享用到的满意度称之为**总收入**或**总获取**。

以 F_i 记在第 i 个消费周期之初该经济体的存量财富存本。回忆前面所述，若经济体在本消费周期在易耗财富、耐用性财富、工具类财富生产和教育科研上分别投入了 d_1、d_2、d_3、g 的劳动厌恶度，同时分别调用了存本 F_i 中的 v_1、v_2、v_3 投入到易耗财富、耐用性财富、工具类财富生产中。则该经济体共计投入了 $u=d_1+d_2+d_3+g+v_1+v_2+v_3$ 厌恶度，消耗了 $w=u-d_2^2-d_3^2$ 厌恶度。增加了存本 $v^i=d_2^2+d_3^2-v_1-v_2-v_3$。经济体通过消费类财富获取享用的总满意度为 $M=M_1+M_2$，同时增加了存量财富的存值为 $M(v^i)$，所以本消费周期末经济体的存本为 F_i+v^i。

记 $M(v^i)=M(d_2^2)+M(d_3^2)-M(v_1)-M(v_2)-M(v_3)$，于是最终得到经济体的总获取为 $M+M(v^i)$，其中 M 为消费类获取的满意度，$M(v^i)$ 为被储蓄下来将来会直接或间接为群体提供的满意度。而经济体的总付出为 $d_1+d_2+d_3+g=u+v^i$，其中 u 是消费类获取 M 满意度所对应的厌恶度付出，而 v^i 与 $M(v^i)$ 分别为经济体期末存量财富的存本与存值。所以不妨将 $M(v^i)$ 理解为经济体当期的储蓄，v^i 为经济体当期为未来所做的前期投入，理解为经济体的投资也未尝不可。

因为 $v^i=d_2^2+d_3^2-v_1-v_2-v_3$，所以 v^i 可能是负值，也既 F_i 可能出现减少。但是当 v^i 为负值时其所对应的

$M(v^i) = M(d_2^2) + M(d_3^2) - M(v_1) - M(v_2) - M(v_3)$ 却未必是负值。这意味着经济体的投资是负值之时，经济体当期的储蓄却依然是正值。

如果经济体的成员规模恒常，显然 F_i 的值必然是有界的，同时 F_i 也必然大于零，所以根据数学分析理论，点集 $\{F_i\}$ 必然有聚点。

猜想 1： 点集 $\{F_i\}$ 的聚点是唯一的。

猜想 2： 点集 $\{F_i\}$ 的唯一聚点是 0。

由于随着文明群体的技能日益增长，所以 $\dfrac{M(u)}{u}$ 的数值也将越来越大。我们可以轻松的证明下述

定理 5-1： 点集 $\{M(F_i)\}$ 是无界的。

上述猜想与定理叙述的结论就是：文明群体将以越来越少的厌恶度付出而获取越来越多的满意度回报。

第六章

价值系数与文明指数

6.1 价值系数

首先考虑如下几个基本财富函数：

（1）负值类财富函数 $-C(ku+1)^{-\frac{1}{2}}$，这种财富函数对应那些人们付出劳动即可减少灾疫的事物。若想获取最大的满意度剩余应该使得 u 满足公式

$$\frac{-d((C(ku+1)^{-\frac{1}{2}}-u)}{du}=0 \;\rightarrow\; \frac{Ck}{2(ku+1)^{-\frac{3}{2}}}=1 \;\rightarrow\; u=\frac{(\frac{Ck}{2})^{\frac{2}{3}}-1}{k} \qquad (6.1)$$

如果 $\frac{Ck}{2}>1$ 则此时的 u 值就是财富函数 $-C(ku+1)^{-\frac{1}{2}}$ 的佳点，记为 u_0。而如果 $\frac{Ck}{2}\leq1$，则当 C 比较大时表明人们对这样的灾疫无能为力而只能束手无策，例如对于某些巨大天灾和疾病，人们就是处于如此境地。而当 C 非常小时也许表明这种灾疫微不足道不值得去操劳。

也许有读者会以为 $\frac{Ck}{2}>1$ 是一种必然，其实在财富函数表达式中 k 的初始值并非是 1 而是可以任意小。只是随着群体的文明发展，k 值才会越来越大。从 (6.1) 式不难看出，如果赋值系数不变的话，那么随着技能系数 k 的越来越大，佳点 u_0 的数值将越来越小。

定义：若 $\sigma(u)$ 为财富函数，佳点为 u_0，称数 $\lambda(\sigma)=\frac{\sigma(u_0)-\sigma(0)}{u_0}$ 为 $\sigma(u)$ 的**价值系数**。

$\sigma(u_0) - \sigma(0)$ 表示人们从财富中获取的满意度，u_0 表示人们在财富生产中付出的厌恶度。所以 λ 表示的是人们获取的满意度与支付的厌恶度之比值倍数。而 $(\lambda - 1)u_0$ 表示该财富的最大满意度剩余。再次强调一下，一个求逸厌劳的理性人一定是追求最大满意度剩余的。同样一个理性群体也必然是追求最大满意度剩余的。

于是对于负值类财富函数 $-C(ku+1)^{-\frac{1}{2}}$，省略推导过程，我们有

$$\lambda(-C(ku+1)^{-\frac{1}{2}}) = \frac{kC}{(\frac{kC}{2})^{\frac{2}{3}} + (\frac{kC}{2})^{\frac{1}{3}}} \tag{6.2}$$

显然这个 λ 值随着 k 的增长而增长，再结合在佳点 u_0 处财富函数

$$\sigma(u_0) - \sigma(0) = C(1 - (\frac{Ck}{2})^{-\frac{1}{3}}), \tag{6.3}$$

此数也是随着 k 值的增加而增加。合并 (6.1)(6.2) 式结论便有：随着生产技能的提高，人们在获取更多满意度的同时还随之递减了生产劳动中的厌恶度付出。

（2）有界类基本财富函数 $C \cdot arctg(ku+b)$，沿用前面方法有

$$\frac{d(C \cdot arctg(ku+b))}{du} = 1 \rightarrow \frac{Ck}{1 + (ku_0 + b)^2} = 1 \rightarrow u_0 = \frac{(Ck-1)^{\frac{1}{2}} - b}{k} \tag{6.4}$$

显然技能系数 $k > \dfrac{1+b^2}{C}$ 是人们可以通过劳动获取额外满意度的条件。(6.4) 式依然表明当技能系数递增时，u_0 则同步递减且趋于 0。

$$\lambda(C \cdot arctg(ku+b)) = \frac{Ck \cdot (arctg(Ck-1)^{\frac{1}{2}} - arctg(b))}{(Ck-1)^{\frac{1}{2}} - b} \tag{6.5}$$

可知价值系数 λ 的数值随着 k 值增长而同步增长。在 u 取佳点 u_0 时，该财富函数的满意度数值为

$$C \cdot arctg(Ck-1)^{\frac{1}{2}} \tag{6.6}$$

显然它是在 k 值递增时同步递增的函数。所以这个财富函数也满足随着生产技能的提高，人们在获取更多满意度的同时还同时递减了生产劳动中的厌恶度付出。

(3) 对数型财富函数 $C \cdot \ln(ku+1)$。省略推导过程可以直接写出

$$u_0 = \frac{Ck-1}{k} \tag{6.7}$$

$$\lambda(C \cdot \ln(ku+1)) = \frac{Ck \cdot \ln Ck}{Ck-1} \tag{6.8}$$

$$C \cdot \ln(ku_0+1) = C \cdot \ln Ck \tag{6.9}$$

显然 $Ck>1$ 是人们可以利用生产此种财富获取剩余满意度的必要条件。由上面三个式子可知随着技能系数的递增，佳点逼近于赋值系数 C，如果 C 恒常的话，则价值系数 λ 与佳点处的满意度数值也都递增。这也意味着产品产量也都将随着技能系数的递增而递增。因为技能系数的递增是无止境的，于是将造成产品产量也是无止境。根据稀贵稠贱公理，随着产品产量的持续递增，社会群体对该产品的赋值也将随之递减。所以可以认为赋值系数 C 是技能系数 k 的函数，记为 $C(k)$。由于有 $Ck>1$。所以只需考虑如下几种情况：

(i) $\lim\limits_{k \to \infty} C(k) = a \neq 0$，这意味着无论技能系数多高，其佳点的数值也即厌恶度的付出都几乎等于常数 a，并且产品的赋值系数也会恒定在 a。而产品的产量会因 k 的递增也无上界的递增，即使产品多到俯拾皆是之时，该产品依然可以在市场上依照赋值系数为 a 的价格交换。这个结论显然不成立，所以必然有 $\lim\limits_{k \to \infty} C(k) = 0$。

(ii) $\lim\limits_{k \to \infty} (C(k) \cdot k)^C = \infty$，则

$$\lim\limits_{k \to \infty} C(k) \ln(C(k) \cdot k) = \lim\limits_{k \to \infty} \ln(C(k) \cdot k)^{C(k)} = \infty$$

这意味着人们可以从这个单一产品中能够获取无限的满意度，显然这个结论也是不成立的。

(iii) $\lim\limits_{k\to\infty} C(k) \cdot k = a$, a 是一个常数。则

$$\lim\limits_{k\to\infty} C(k)\ln(C(k)\cdot k) = \lim\limits_{k\to\infty} \frac{a\ln a}{k} = 0$$

这意味着随着技能系数得到提高，产品价格将会等比例的递减以致逐步趋近于 0。最终成为类似于空气阳光一样的免费财富。比如在古代一根骨针也许可以等价交换到几只羊，但是在今日却只能依重量单位销售。

(iv) $\lim\limits_{k\to\infty}(C(k)\cdot k)^{C(k)} = a$, a 是一个常数。则

$$\lim\limits_{k\to\infty} C(k)\ln(C(k)\cdot k) = \lim\limits_{k\to\infty} \ln a = \ln a\,'$$

此时 $C(k) \to \dfrac{a}{\ln k}$

这意味着随着技能系数得到提高，产品赋值系数将会以对数级的比例递减且最终使得该产品为社会提供一个恒常的满意度。比如在古代一个火种也许是一个部落最宝贵的财富，但是在今日市场上，即使一个防风打火机也不过区区几毛钱而已。

（4）幂数型财富函数 $C(ku+1)^\tau$, $0 < \tau < 1$

$$u_0 = \frac{(Ck\tau)^{\frac{1}{1-\tau}} - 1}{k} \tag{6.10}$$

$$\lambda(C(ku+1)^\tau) = C \cdot k \tag{6.11}$$

$$C(ku_0+1)^\tau = (C \cdot k^\tau)^{\frac{1}{1-\tau}} \cdot \tau^{\frac{\tau}{1-\tau}} \tag{6.12}$$

显然 $Ck\tau > 1$ 是人们从事此财富生产能够获取剩余满意度的必要条件。而且随着技能系数的增加，最佳厌恶度付出 $u_0 \to 0$. 随着技能系数递增和产品数量的增加，赋值系数 C 也将随之递减，同样将赋值系数考虑成 k 的函数 $C(k)$。

(i) $\lim\limits_{k\to\infty} C(k) \cdot k^\tau = \infty$ 这意味着人们可以只用微不足道的厌恶度付出即可得到任意大的满意度获取，显然此结果不成立。

(ii) $\lim\limits_{k \to \infty} C(k) \cdot k^{\tau} = a$, a 是一个非零常数。则

$$\lim_{k \to \infty} C(ku_0 + 1)^{\tau} = \lim_{k \to \infty}(C \cdot k^{\tau})^{\frac{1}{1-\tau}} \cdot \tau^{\frac{\tau}{1-\tau}} = a^{\frac{1}{1-\tau}} \cdot \tau^{\frac{\tau}{1-\tau}}$$

这意味着随着技能系数得到提高，产品赋值系数将会以幂数级的比例递减且最终使得该产品为社会提供一个恒常的满意度。

(iii) $\lim\limits_{k \to \infty} C(k) \cdot k^{\tau} = 0$，则

$$\lim_{k \to \infty} C(ku_0 + 1)^{\tau} = 0^{\frac{1}{1-\tau}} \cdot \tau^{\frac{\tau}{1-\tau}}$$

在前面指数型财富函数中也出现过这种情况。这说明只要随着技能系数的持续递增，对于此种财富产品，人们可以利用 $u_0 \to 0$ 的厌恶度付出即可生产出大批量该产品，以致使得其丰盈程度可以免费提供给社会成员。但是在这种情况下，群体也可以采用另一种策略：因为在技能系数递增过程中必然有 k_0，使得

$$C(k_0) \cdot k_0^{\tau} = Max\{C(k) \cdot k^{\tau}; 0 < k < \infty\} = a_0, \quad a_0 \text{ 为实数。}$$

若当 $k = k_0$ 时，投入 $u_0 = \dfrac{(C(k_0)k_0\tau)^{\frac{1}{1-\tau}} - 1}{k_0}$

厌恶度所生产的产品产量为 n_0。那么群体便可以这个产量为基准，即使技能系数提高也只是相应的减少厌恶度的投入而保证产量不变。因此其赋值系数也将不变，从而其满意度函数也不变。所以在此策略下当技能系数递增到 $k_1 > k_0$ 时有

$$u_1 = \frac{(C(k_0)k_0\tau)^{\frac{1}{1-\tau}} - 1}{k_0} \cdot \frac{k_0}{k_1}$$

$$\lambda_1 = C \cdot (k_0) \cdot k_1$$

$$C(k_0) \cdot (k_1 u_1 + 1)^{\tau} = C \cdot (k_0) \cdot (k_0 u_0 + 1)^{\tau} = a_0^{\frac{1}{1-\tau}} \cdot \tau^{\frac{\tau}{1-\tau}}$$

如果某产品具有这样性质，群体应该是采用佳点方式生产然后让该产品最终成为免费产品，还是采用限制产量的方式让其产品始终可以在市场上体现一定的市场份额呢？究竟哪种方式才更符合群体利益呢，下一章我们将给出其答案。

下面我们不加说明的直接给出其它几个主要基本财富函数的佳点、价值系数及佳点处所对应的满意度函数表达式。

（5）指数型基本财富函数 $C \cdot \ln((ku+b)^2+1)$，

$$u_0 = \frac{kC - b + \sqrt{k^2C^2 - 1}}{k} \qquad (6.13)$$

$$\lambda(C \cdot \ln((ku+b)^2+1)) = \frac{kC \cdot \ln(kC - b + \sqrt{k^2C^2 - 1}}{kC - b + \sqrt{k^2C^2 - 1}} \qquad (6.14)$$

$$\lambda \cdot u_0 = C \cdot \ln((ku_0+b)^2+1) = C \cdot \ln(kC - b + \sqrt{k^2C^2 - 1} \qquad (6.15)$$

（6）指数型基本财富函数 $C \cdot \ln(1 + ku + \sqrt{(1+ku)^2 + b^2})$，

$$u_0 = \frac{\sqrt{(kC)^2 - b^2} - 1}{k} \qquad (6.16)$$

$$\lambda = C \cdot \ln(\sqrt{(kC)^2 - b^2} + kC) \qquad (6.17)$$

$$\lambda \cdot u_0 = \frac{kC \cdot \ln(\sqrt{(kC)^2 - b^2} + kC)}{\sqrt{(kC)^2 - b^2} - 1} \qquad (6.18)$$

（7）幂数型基本财富函数 $C \cdot ((ku+d)^2 + 1)^\tau$

这个函数的 u_0 解甚至是一个超越方程，通常没有代数解。但是可以证明总是存在一个常数 a_0 使得

$$u_0 = \frac{a_0(kC)^{\frac{1}{1-2\tau}} - d}{k} \qquad (6.19)$$

$$\lambda = \frac{Ck(a_0(kC)^{\frac{2}{1-2\tau}} + 1)^\tau}{a_0(kC)^{\frac{1}{1-2\tau}} - d} \qquad (6.20)$$

$$\lambda \cdot u_0 = C(a_0(kC)^{\frac{2}{1-2\tau}} + 1)^\tau \qquad (6.21)$$

综上所述我们可得结论，随着人们技能的日益提高，基本财富函数中的佳点越来越小，而相应的基本财富函数数值却越来越大。也既人们所需支付的劳动付出日趋减少，而相应获取的财富与满意度却同步增长。

对于财富 A，不失一般性可假设 A 的财富函数为

$$m_A(u) = \sum_{j=1}^{h_j} \sum_{i=1}^{n_{i,j}} a_{A,i}^j \delta_{A,i}^j(u) \qquad (6.22)$$

结合前一章论述我们可以证明如下

定理 6-1：如果 $u_{A,i}^j$ 是基本财富函数 $\delta_{A,i}^j(u)$ 的佳点，$i=1,2,\cdots n_{i,j}$ 则 $m_A^j(u)$ 的佳点为 $u_A^j = \sum_{i=1}^{n_{i,j}} a_{A,i}^j u_{A,i}^j$。同理 $m_A(u)$ 的佳点为 $u_A = \sum_{j=1}^{h_j} u_A^j = \sum_{j=1}^{h_j} \sum_{i=1}^{n_{i,j}} a_{A,i}^j u_{A,i}^j$
证明略。

设 $\lambda_{A,i}^j$ 为基本财富函数 $\delta_{A,i}^j(u)$ 的价值系数，可以得到财富 A 的 j 生产方式的价值系数为

$$\lambda_A^j = \frac{\sum_{i=1}^{n_{i,j}} a_{A,i}^j \delta_{A,i}^j u_{A,i}^j}{\sum_{i=1}^{n_{i,j}} a_{A,i}^j u_{A,i}^j} = \frac{\sum_{i=1}^{n_{i,j}} a_{A,i}^j \lambda_{A,i}^j u_{A,i}^j}{\sum_{i=1}^{n_{i,j}} a_{A,i}^j u_{A,i}^j} \qquad (6.23)$$

和财富 A 生产的价值系数

$$\lambda_A = \frac{\sum_{j=1}^{h_j} \sum_{i=1}^{n_{i,j}} a_{A,i}^j \delta_{A,i}^j u_{A,i}^j}{\sum_{j=1}^{h_j} \sum_{i=1}^{n_{i,j}} a_{A,i}^j u_{A,i}^j} = \frac{\sum_{j=1}^{h_j} \sum_{i=1}^{n_{i,j}} a_{A,i}^j \lambda_{A,i}^j u_{A,i}^j}{\sum_{j=1}^{h_j} \sum_{i=1}^{n_{i,j}} a_{A,i}^j u_{A,i}^j} \qquad (6.24)$$

显然对于不同的 j 其 λ_j 通常也是不同的，数值大的 λ_j 意味着更先进的生产技术。数值小的 λ_j 所代表的生产方式也必将逐步被更先进的生产方式所替代，同时伴随着文明群体的进步，$\max(\lambda_A^j, j=1,2,\cdots,h_j)$ 也必将递增，因此 λ_A 的数值也将随之递增。

6.2 文明的度量

6.2.1 文明群体的文明指数

如果文明群体的生产财富的种类共计为 $A = 1, 2, \cdots, N$ 种。其满意度总函数为

$$M(u) = \sum_{A=1}^{N} m_A(u) = \sum_{A=1}^{N} \sum_{j=1}^{h_j} \sum_{i=1}^{n_{i,j}} a_{A,i}^j \delta_{A,i}^j(u)$$

$u_{A,i}^j$ 是基本财富函数 $\delta_{A,i}^j(u)$ 的佳点，$i = 1, 2, \cdots, n_{i,j}$。

定义：称数值

$$\Lambda = \frac{\sum_{A=1}^{N} m_A(u_A)}{\sum_{A=1}^{N} \sum_{j=1}^{h_j} \sum_{i=1}^{n_{i,j}} a_{A,i}^j u_{A,i}^j} = \frac{\sum_{A=1}^{N} \sum_{j=1}^{h_j} \sum_{i=1}^{n_{i,j}} a_{A,i}^j \delta_{A,i}^j u_{A,i}^j}{\sum_{A=1}^{N} \sum_{j=1}^{h_j} \sum_{i=1}^{n_{i,j}} a_{A,i}^j u_{A,i}^j}$$

$$= \frac{\sum_{A=1}^{N} \sum_{j=1}^{h_j} \sum_{i=1}^{n_{i,j}} a_{A,i}^j \lambda_{A,i}^j u_{A,i}^j}{\sum_{A=1}^{N} \sum_{j=1}^{h_j} \sum_{i=1}^{n_{i,j}} a_{A,i}^j u_{A,i}^j} \tag{6.25}$$

为该文明群体的文明指数。

6.2.2 经济体的文明系数

假如在经济体实际生产中，经济体投入的劳动厌恶度并非佳点 $u_{A,i}^j$ 而分别为 $\upsilon_{A,i}^j$

定义：称

$$\Psi_A^j = \frac{\sum_{i=1}^{n_{i,j}} a_{A,i}^j \delta_{A,i}^j \upsilon_{A,i}^j}{\sum_{i=1}^{n_{i,j}} a_{A,i}^j \upsilon_{A,i}^j} \tag{6.26}$$

为财富 A 在 j 生产方式的倍系数。

称

$$\Psi_A = \frac{\sum_{j=1}^{h_j} \sum_{i=1}^{n_{i,j}} a_{A,i}^j \delta_{A,i}^j \upsilon_{A,i}^j}{\sum_{j=1}^{h_j} \sum_{i=1}^{n_{i,j}} a_{A,i}^j \upsilon_{A,i}^j} \tag{6.27}$$

为财富 A 的倍系数。

称

$$\Psi = \frac{\sum_{A=1}^{N} \sum_{j=1}^{h_j} \sum_{i=1}^{n_{i,j}} a_{A,i}^{j} \delta_{A,i}^{j} \upsilon_{A,i}^{j}}{\sum_{A=1}^{N} \sum_{j=1}^{h_j} \sum_{i=1}^{n_{i,j}} a_{A,i}^{j} \upsilon_{A,i}^{j}} \qquad (6.28)$$

为该经济体的文明系数。

文明指数表示式中的分母项 U 是文明经济体总满意度函数的佳点，也既在这个范围内群体所付出的每一份劳动厌恶度都会得到更多的满意度回报，在这个范围之外的每一份劳动厌恶度付出都必然得不偿失。表示式中的分子项是文明经济体所获取的满意度总和，而 $(\Lambda-1)U$ 则是文明经济体的最大剩余满意度。

文明系数表示式（6.28）中的分母项 V 是文明经济体在实际生产中所付出的劳动厌恶度，如果 $\upsilon_{A,i}^{j} < u_{A,i}^{j}$ 则说明经济体在这个产品的生产中没有完成最大满意度剩余，如果 $\upsilon_{A,i}^{j} > u_{A,i}^{j}$ 则说明经济体在这个产品的生产中付出了一部分得不偿失的劳动厌恶度。表示式的分子项是经济体实际获取的满意度，而 $(\Psi-1)V$ 则是文明经济体在实际上所获取的满意度。

6.2.3 文明群体的理性系数

定义：称 $\Gamma = \dfrac{\Psi}{\Lambda}$ 为文明群体的理性系数。

在前面章节中我们利用满意度的概念定义了文化概念，并且将生命群体能够结绳记事、会数数以及具有文字载体传承经验作为生命群体的文明起源，而现在我们是利用满意度、厌恶度概念且通过文明指数与文明系数的两个表达式来定义文明的度量概念。文化是群体的认知体系总和，文明群体总是在群体自身文化观念指导下从事财富生产活动，而伴随着生产活动的实践将会持续的提高文明群体的技能水平，由文明指数表达式可知任何一项工艺生产的技能系数 k 的提高都会同时提升文明群体的文明指数和更加丰富充实了文明群体的文化系统。如此也正是文明群体的文化系统与文明程度之间相辅相成、互相推进演化的关系。

显然文明群体的文明指数越大则表明这个群体利用自然、改造自然的能力越强，同时由（6.25）式容易看出文明群体的任何生产工序 $\delta_{A,i}^{j}(u)$ 的技能系数提高都会提升文明群体的文明指数。文明群体的理性系数越大则表明这个群体的组织协调性和效益越高。如果文明群体的理性系数非常小则意味着这个群体处于愚昧状态，或者说这个群体的上层建筑落后、反动，阻碍了群体文明能力的发挥。

如果一个文明群体里的抢劫、欺骗、暴力、奴役、造谣等行为能够大行其道，说明这个群体的文化系统给予了这些行为赋值了正值。而这些本来是造成群体内耗与自噬的行为一旦被群体文化系统赋值了正值，则群体不仅不会付出劳动去减少这些行为所带来的灾疫反而却会助纣为虐的付出劳动去增加自身的灾疫，如此必将导致群体的文明系数与理性系数大幅度减少。总之一个文明群体内如果抢劫、欺骗、暴力、奴役、造谣甚至战争、屠戮等行为仍能堂而皇之的肆虐并且攫取财富，那这个文明群体的理性系数至少也是低于 0.2。

6.3 厌恶度的度量

6.3.1 基本厌恶度价格与基础厌恶度价格

上面我们利用满意度与厌恶度的概念定义了价值系数、文明指数、文明系数及理性系数。而且我们已知一个财富产品的满意度度量是通过市场的按价交换来体现的。那么在雇佣生产关系条件下是否厌恶度度量（厌恶度价格）也是通过劳动市场上雇佣者与被雇佣者的讨价还价来体现呢？也即是否被雇佣者的工薪收入就是劳动厌恶度的度量呢？其实不然，因为每一个社会个体都是贯彻求逸厌劳原则的实行者，如果劳动厌恶度的付出仅仅能够收获等价的满意度回报，而没有任何满意度剩余的话，那么这绝非求逸厌劳者的选择。

所以被雇佣者的工薪收入一定要高于自身底线厌恶度的付出。

每个群体成员对自身厌恶度的度量都是与自身生活境况息息相关的，发达富裕之时则厌恶度门槛高，而落魄窘困之时则厌恶度门槛低。破产的亿万富翁可以去做以前根本不能屈就的当街叫卖工作，而彩票中了大奖的底层劳工也可能立刻辞职再不肯去做原来的低薪工作。

一个群体成员可以享用万万千千种商品财富，但是在如今劳动分工如此细密甚至专业的条件下却只可能胜任从事非常有限种类的生产劳动。在第二章我们曾经定义了参量厌恶度的概念，这个概念只是给出了一个统一不同种类、不同行业、不同地域的劳动厌恶度付出的计算单位，但却绝非厌恶度自身的计算单位。由参量厌恶度的定义知参量厌恶度可以认为已经被定价为 x 元。如果其真实厌恶度为 y 元，为了以后便于计算价值系数与文明系数，令 $\mu = \dfrac{x}{y}$ 为其转换系数。下面通过两个定义来明确厌恶度的度量。

基本厌恶度定义：若成员付全力所得报酬可以维系自己的基本生存需求，此成员之劳动报酬称之为**基本厌恶度价格**。

古代人日出而作日入而息，也仅能吃糠咽菜，衣衫褴褛、土阶茅屋，三餐二饥的生活，即使高强度劳作有损健康，减少寿命也都在所不惜，如此便是**基本生存需求**了。其实放在今天在某些贫困地区甚至所谓发达国家中也依然有人生活在如此境况之中。

换做当下，如果住最简陋的租房、吃最廉价的食品、穿最便宜的衣服需要每月五百元的支出的话，那么可以认为社会劳动者的每月劳动基本厌恶度价格就是五百元。若参量厌恶度劳动者的月薪是四千元，则得参量厌恶度价格与基本厌恶度价格的转换系数为 $\mu_1 = 8$。

如果一个劳动者的收入不仅能够使其维持基本生存需求，也能让其获取正常的道德需求甚至理性需求，尤其还有能力抚育、培养下一代并且使下一代可以跟上时代的节奏成为不亚于自身当下水准的未来社会劳动者。称这样的生活水准为**基础生存需求**。

基础厌恶度定义：若成员付全力所得报酬可以维系自己的基础生存需求，此成员之劳动报酬称之为**基础厌恶度价格**。

6.3.2 一些历史社会现象的经济学解释

大工业生产之前，基本生存需求与基础生存需求相差无多。但是随着自然科学理论进入人们文化认知系统，在科学理论指导下的各项生产技术、技能都获得了迅猛发展，所以在大工业生产时期这个社会对劳动者的能力要求也就越来越高了。过去一个文盲经过简单培训就可以胜任几乎所有行业的劳动岗位，但是在今天即使得到过十几年正规中等教育的社会成员也只能从事简单的体力劳动。并且由于机械化、智能化和自动化劳动工具的普及，这样的简单体力劳动岗位也正在迅速递减，从而导致了现代化生产对于劳动者的技能水平要求也是越来越高，所以培育符合这样标准劳动者的所需成本也是越来越高。尤其在大工业生产的普及和资本逐利的驱动下，大规模城市群及畸形超级大城市也应运而生，越来越多的群体成员成为了大城市居民。而在城市里要想培育合格的下一代劳动者就不仅需要承担高昂的教育成本还要承担高昂的住房成本，因此基础生存需求与基本生存需求的差距便越发悬殊。显然基本厌恶度价格是一个被雇佣者的厌恶度下限，如果劳动者的报酬都不足以承担起个人的基本生存需求则意味着其个体生存权力的被剥夺。历史告诉我们，如果这种现象在社会上普遍存在，则必然是遍地义旗天下大乱的时期。而基础厌恶度价格是一个雇佣者的正常要求，如果劳动者的报酬都不足以承担个人的基础生存需求则意味着其个体繁衍下一代的需求被剥夺。而这一需求又恰恰是生命体最本元的需求。现实告诉我们，如果这种现象在社会上普遍存在，则必然是遍地示威四处骚乱的时期。

6.3.3 当代低生育率的经济学解释

假如一个经济体中的所有劳动者都可以获取基础厌恶度价格甚至之上的劳动报酬，不论这些报酬是来自于自身经济体的生产创造还是掠夺、压榨、剥削外部经济体所得，那么这个经济体内部一定是和谐且其乐融融的经济体。但是在一个资本主导、资本强势且以追求最高利润为目标的经济体中，压低被雇佣者的薪酬都是资本方提高利润的最有效手段。所以在资本经济体内被雇佣者的报酬介于基本厌恶度价格与基础厌恶度价格之间也就成为了司空见惯的正常现象。而这样的被雇佣者由于不甘心接受自己的后代只能成为这个社会不合格干电池的结果，再加上受资本媒体极端个人主义、及时享乐主义的蛊惑熏陶，于是许多人放弃了生育后代的责任，或者仅组成不婚不育的丁克家庭。虽然现代工业化社会的生活水准与生活内容生活质量远比非工业化社会时期丰富进步许多，但是对于众多无法获取基础厌恶度价格报酬收入或者临界这个报酬收入的劳动者而言，他们对当下的焦虑以及对未来的迷惘却丝毫不亚于乃至更甚于大工业生产前的先辈们。在劳资双方的利益博弈过程中，如果经济形势非常恶化，资方通常会让利于劳动者以防止骚乱局势蔓延。而一旦经济形势平稳趋好，拥有统治权、暴力权的资方便会通过通货膨胀诸手段来变相降低劳动者的报酬所得，所以大多数被雇佣者的工薪报酬总是在基本厌恶度价格与基础厌恶度价格之间浮动。当越来越多的被雇佣者沦于被剥夺繁衍权的境地，必然导致经济体内群体生育率的下降。为了保证资本能够有足够的被雇佣者来维护资本的运营，于是资本统治方不得不实行所谓的免费教育与诸多鼓励生育的福利措施来提高群体的生育率，同时也被迫引入大量非工业化或低工业化地区的人口来弥补自身劳动力的不足。但是这些措施无非都是扬汤止沸的权宜之计，反而促使资本方能以低劣的免费教育等福利措施以及外部地区涌入的廉价劳动力为理由来更进一步的压低被雇佣者的工薪报酬，从而使得被雇佣者的劳动报酬在基本厌恶度与基础厌恶度区间愈加滑向基本厌恶度一端，也使得这一痼疾愈加积重难返。

纵观当今世界所有大工业化的经济体皆身陷如此困局之中，虽然这些经济体的劳工所得在字面上非常之高，但这不过是资本操纵货币汇率的表象而已。低迷且不可能恢复正常的生育率深刻的揭示了资本体系无以长久延续的这一膏肓之症。可以断言，所有现代工业化经济体一旦进入低生育率阶段，这个工业化经济体的高光时期便永远结束了，它只能依靠加大对外部经济体的吸血来苟延残喘。

当一个文明群体不是以获取整个群体的最高满意度为目标，却是以资本这个人造物实现最高利润为目标，这个群体就步入了人类异化的迷途，也背离了理性群体的基本准则。

第七章

理性社会的均衡生产与分配

7.1 公平分配方式

7.1.1 自主的个体与民主的群体

根据公理一我们知道每个文明群体的正常个体成员都是求逸厌劳的，假如这个个体不是拥有一个决策中枢机构而是自身每个器官都拥有一个决策机构，而且互不归属，每个决策机构只为某个单独器官服务。那么这个个体将无所适从，且无休止的陷入自身的扯皮与内耗之中，因此也无能实现求逸厌劳的最大满意度剩余。求逸厌劳的个体必然是知道自身需求而且还能自主决策、自主行为的个体，是具有正常人格而非多重或分裂人格的个体。每个个体都只有一个中枢决策机构，而这个个体决策中枢总是能综合协调自身所有器官需求，在面对诸多选项时对所有选项都能做出综合判断并且决策和执行自己最满意的选项。这个决策的目标就是让该个体获取最大的满意度，支付最小的厌恶度，总之就是获取最大的满意度剩余。

但是对于一个文明群体而言，这个群体有多少成员就有多少个大脑就有多少个自我决策机构，而且每个决策机构都是只以其服务的个人能够获取最大满意度剩余为目标。如果没有高效充分的组织协调，每个成员各行其是，那么这样的群体也必然对抗、冲突、内耗不断。

参照自主个体的特征，如果群体有一个中枢决策机构，而且这个决策中枢总是能综合协调群体内所有成员需求，在面对诸多选项时对所有选项都能做出综合判断并且决策和执行自己最满意的选项。这个决策的目标就是让该群体获取最大的满意度，支付最小的厌恶度，总之就是获取最大的满意度剩余。称这样的群体就是民主的群体。

7.1.2 阿罗不可能定理的局限以及对其理解的谬误

著名的阿罗不可能定理用数学理论严格的证明了个体的偏好顺序无法推导出群体的偏好顺序，换言之只要存在三个以上的选项，在非常多情况下就不存在对群体而言最佳或最满意的选项。这个定理被学界和人们普遍理解为文明群体在面向诸多选项之时将无法也无能判断出群体最满意的选项。于是便得出民主体制只能实现投票的程序民主而无能实现实质民主的论断。这个论断有如下两处明显错误：（1）用数学的序论方法不能解决的问题并非是数学方法不能解决的问题。比如科学家证明了人靠蹬自行车是肯定不能登陆月球的，但是不能据此就推断出人是不可能登陆月球的。其实如果仅仅依靠序论方法的话，连一般的一元二次方程都是无法求解。而依靠代数论方法这个问题是十分容易解决的。（2）阿罗不可能定理恰恰证明的是那种所谓一人一票式的开关式投票制既不是民主体制也根本实现不了民主。只不过许多人一直被误导少数服从多数的这种多头政治体制就是民主体制才会产生"真正民主程序也不能实现实质民主结果"的这种错误认知。

7.1.3 如何体现群体满意度与提取群体最高满意度的方法

如何体现群体满意度与提取群体最高满意度的方法请参见本书《附录一 一种在线统计群体满意度的方法》与《附录二 Introduction to Justice Theory and its Application ------ An Online Statistic Tool for Measuring Customer Satisfactory》，在那里有关于这个课题详尽和严谨的论证，并且证明了对于任何一个群格正常（定义参见附录二）的群体，在面向有限甚至无限选项时，群体总是能够非常简洁的提炼出群体最大满意度的选项。在此我们不再赘述。

7.1.4 什么是公正？什么是民主的群体？

众所周知公正这一词汇主要是作为定语用来修饰、限定名词或代词品质或特征的用语，下面引入两个定义。

定义：群体面向诸多选项时，提炼出使群体最满意选项的判断称之为公正的判断，选择公正判断选项的决策称之为**公正的决策**，执行落实公正决策的行为称之为公正的行为。

定义：一个能够提炼出公正判断，并且总是选择公正决策和实现完成公正行为的群体称之为**民主的群体**。

民主的群体与自主的个体都是具有统一的中枢决策机构和明确的行为目标既获取最大的满意度剩余，所以民主的群体也是求逸厌劳的群体。

正如人格正常的自主个体决不会无故进行自戕自损等内耗的行为，民主的群体也一定是极力杜绝任何自戕自损等内耗的行为，因为这样的行为根本不符合求逸厌劳原则。

其实文明群体的发展史也是群体探索、追寻、完善公共权力的建立与行使的历史，也即探索、追寻、完善、建立群体中枢决策机构的历史。当文明群体升华为民主群体后，这些原本属于政治范畴的内容便会自动的归入公正论和公平论的范畴之内。

7.1.5 什么是公平？民主的群体是否也是公平的群体？

一个民主的群体是否也是公平的群体呢？首先给出

定义：在群体组织的有明确目标项目活动中，如果对参与项目活动中的成员或事物按照某种条件进行资格排序并且依据这个排序来决定项目活动结果能够最优实现这个项目活动的目标，则称这样的排序为公平排序，称这样的结果为公平结果。有时将这种公平排序和公平结果都简称为公平。

排序既有无度量的格序，比如某人对颜色的偏好是绿、蓝、黄，但是不能给出其偏好的度量差别。但是对于某个班级学生的具体身高进行排序就是可度量排序。

显然先来后到、价高者得是人们熟知的公平，根据参与者到达的时间先后排序是为了让活动井然有序，根据购买者出价高低排序是为了让出卖品获取最高的销售收入。

如果项目活动的目的不同则公平的排序也会不同，例如某人面向一群饥民有一袋子馒头，若他的目的是扶危济困，那么他就会以饥民的饥饿程度排序向饥民发放食品。若他的目的是希望贩卖馒头获利，那么他就会以饥民愿意支付购买馒头价格的高低进行排序来分配饥民食品。显然这两种排序及结果都是实现了目的的公平。

由此可见公平是以最低内耗最高效益来实现活动目的的一个举措。公平意味着高效，公平意味着降低甚至杜绝内耗。对于追求最大满意度剩余为目的的民主群体而言，实现公平体现公平是其必然选择。所以一个民主的群体也必然是一个公平的群体。

7.1.6 西方经济学把平均与公平混为一谈

但是在西方经济学的经典著作《经济学》中，西方学者却把平均与公平混为一谈，将基尼系数为 0 视为社会成员收入的充分公平。在社会成员的收入分配方面实行平均主义，实质上就是不分良莠、不辩勤懒、不计贡献大小的对所有成员实行等序或无序的"大锅饭"处理。如此等同于奖懒罚勤，打击抑制能者勤者，激励扩散懒者拙者，其结果必然是内耗滋生效率低下，进而桎梏阻碍社会的生产和发展。导致此恶果的原因恰恰是由于平均主义违背了公平。

7.1.7 公平分配方式：按劳分配

而以促进推动社会生产和发展为目标的公平分配方式应该能够奖勤罚懒，鼓励努力者，激励懈怠者，让优秀者更加奋发，落后者力争图强。

公平分配方式必然体现多劳者多得，贡献大者多得，必然是让所有群体成员满意度最高的分配方式。因为让所有群体成员满意度最高的分配方式会最大程度的减少成员间的摩擦、纠纷、不服气等等内耗现象。

我们不妨就将这种以促进推动社会生产和发展的公平分配方式称之为按劳分配方式。综合前面所述，我们得出民主的群体也是求逸厌劳的群体也即民主群体也是理性群体。而在理性群体的产品财富交换实行的是按价交换，又依据公平分配原则在理性群体中劳动成员的收入要实行按劳分配体制。所以可以总结出理性群体的基本八字法则为：按价交换，按劳分配。

按价交换就是社会成员根据自身需求在市场上自主选择购买所需商品而使商品实现等满意度交换，**按劳分配**就是社会成员根据自己擅长、能力、爱好选择劳动行业工种，然后依据公平分配方式实现等量劳动厌恶度付出者也获取等量收入，而劳动者的收入与其厌恶度付出也既与其贡献同增长。此时雇佣劳动不再为商品而是成为了财富的创造之源。

7.2 理性群体的财富生产与分配

在厘清了上述概念与关系后我们现在来梳理理性群体是如何进行财富生产和财富分配以获取群体自身的最大满意度剩余。

7.2.1 理性群体总满意度函数的模拟

已知在任何时刻 T 只要理性群体的边界条件、初始条件确定就一定存在一个客观的针对这个群体的总满意度函数

$$M(u) = \sum_{A=1}^{N} m_A(u) = \sum_{A=1}^{N} \sum_{j=1}^{h_j} \sum_{i=1}^{n_{i,j}} a_{A,i}^j \delta_{A,i}^j(u) \tag{7.1}$$

不失一般性可以假定时刻 T 就是某消费周期之始，这个函数对该消费周期成立。

就如启明星自古以来就围绕太阳运行并且有其客观的运行轨迹及规律，但是古代人虽然能够观察和知道启明星的存在却无能掌握其准确的运行轨迹和规律。而随着文明的发展，现代文明的人类却已经基本掌握了它的运行轨迹和规律。对于理性群体而言，未必能够完全准确的表述出这个客观的总满意函数，但是随着大量的经验数据积累和成熟的科学分析，理性群体所建立的总满意度函数必然会越来越精确的逼近收敛于客观的总满意度函数。有理由相信这两个函数的模拟度将随着理性群体的文明程度进步愈发逼近于 1。而这个模拟度也是刻画该群体理性程度的一个重要指标。

为了便于阅读和避免繁复的论述，本书不对这个模拟度给出严谨的定义，这个定义并不难但却是十分冗长的数学表述，即使省略了它也不会造成读者的理解偏差。

所以以后我们就把群体所建立的总满意度函数模拟成客观的总满意度函数来展开相关论述。

7.2.2 理性群体的生产方式

一个由基本财富函数 $\delta(u)$ 表示的生产工序可能应用于许多不同产品财富的生产过程中，我们可以将表示式（7.1）进行合并同类项运算得

$$M(u) = \sum_{A=1}^{N} \sum_{j=1}^{h_j} \sum_{i=1}^{n_{i,j}} a_{A,i}^j \delta_{A,i}^j(u) = \sum_{i=1}^{p} a_i \delta_i(u) \tag{7.2}$$

其中 p 是相应的整数。且令 $u_i, i = 1, 2, \cdots, p$ 满足

$$\sum_{A=1}^{N} \sum_{j=1}^{h_j} \sum_{i=1}^{n_{i,j}} a_{A,i}^j \delta_{A,i}^j(u_{A,i}^j) = \sum_{i=1}^{p} a_i \delta_i(u_i) \tag{7.3}$$

$$U = \sum_{A=1}^{N} \sum_{j=1}^{h_j} \sum_{i=1}^{n_i} a_{A,i}^j u_{A,i}^j = \sum_{i=1}^{p} a_i u_i \tag{7.4}$$

即每个 u_i 都是经济体生产中工序 $\delta_i(u)$ 的佳点，而 $\sum_{i=1}^{p} a_i u_i$ 是总满意度函数的佳点。下面我们叙述如下一个不需证明的

定理 7-1： $$\sum_{i=1}^{p} a_i \delta_i(u) = \sum_{i=1}^{p} \delta_i(u) \tag{7.5}$$

及 $U = \sum_{A=1}^{N} \sum_{j=1}^{h_j} \sum_{i=1}^{n_i} a_{A,i}^j u_{A,i}^j = \sum_{i=1}^{p} a_i u_i = \sum_{i=1}^{p} u_i$ (7.6)

这个定理说明在经济体总共 p 个生产工种、工艺的劳动环节中，只要理性群体在第 i 个环节中投入 u_i 的劳动厌恶度，则这个经济体就可以实现最大满意度剩余

$$M(U) - U = \sum_{A=1}^{N} \sum_{j=1}^{h_j} \sum_{i=1}^{n_i} a_{A,i}^j \delta_{A,i}^j (u_{A,i}^j) - \sum_{i=1}^{p} u_i$$ (7.7)

由于不同工种之间所需要的劳动强度、劳动复杂性、劳动技能不同，所以不同工种完成平均产量所付出的参量厌恶度也有所区别，在第二章我们曾经定义了各工种间参量厌恶度的行业系数 h 来统一不同工种厌恶度之间的关系。用 u^i 表示第 i 个工种的参量厌恶度，假设以第一个工种的参量厌恶度 u^1 为参照，分别记第 i 个工种的行业系数为 h^i，即存在关系式 $u^i = h^i \cdot u^1$。

定义： 记 $h = \dfrac{\sum_{i=1}^{p} u_i}{\sum_{i=1}^{p} \dfrac{u_i}{h^i}}$，称 $u^0 = h \cdot u^1$ 为**基准厌恶度**。

定理 7-2： 基准厌恶度就是所有劳动者的平均支付厌恶度，且第 i 个工种的参量厌恶度 $u^i = (\dfrac{h^i}{h}) \cdot u^0$。

证明：理性群体在一个消费周期总支付厌恶度为 $\sum_{i=1}^{p} u_i$，而在第 i 个工种中的劳动者人数为 $\dfrac{u_i}{u^i}$，所以群体总劳动者人数为 $\sum_{i=1}^{p} \dfrac{u_i}{u^i} = \sum_{i=1}^{p} \dfrac{u_i}{h^i \cdot u^1}$

由总支付厌恶度除以劳动者人数便得劳动者的平均支付厌恶度为

$$u^0 = \frac{\sum_{i=1}^{p} u_i}{\sum_{i=1}^{p} \dfrac{u_i}{u^i}} \sum_{i=1}^{p} \frac{u_i}{u^i} = \sum_{i=1}^{p} \frac{u_i}{h^i \cdot u^i} = (\frac{\sum_{i=1}^{p} u_i}{\sum_{i=1}^{p} \dfrac{u_i}{h^i}}) \cdot u^1 = h \cdot u^1$$

又由 $u^i = h^i \cdot u^1$ 即可得 $u^i = (\dfrac{h^i}{h}) \cdot u^0$。

定义： 称 $h_i = \dfrac{h^i}{h}$ 为**工种系数**，如此第 i 个工种的参量厌恶度便等于自身工种系数与基准厌恶度的乘积。

于是我们便可以舍弃第二章中以某个工种的参量厌恶度为参照

所定义的行业系数，而以群体平均厌恶度为参照来刻画各工种的参量厌恶度。

劳动条件是与劳动所在地区相关的，例如某处环境优美，气候适宜，生活便利，是大家都喜欢居住的地区。让劳动者即使减少一些收入也愿意在此处工作生活，而对于某些环境恶劣的地区就必须适当增加收入才能留住劳动者。在环境优越之地同样的劳动付出可以赋值较低的厌恶度，反之亦然，这就产生了厌恶度赋值的地域区。设理性群体分为 q 个地区，以第一个地区 Z_1 为参照地区，Z_i 与 Z_1 的地域系数为 K^i，称 $K_i = \dfrac{K^i \cdot q}{\sum_{i=1}^{q} K^i}$ 为 i 地区的地域系数。有了以上这些规定后，如果某个劳动者在 i 地区从事 j 工种工作，他的生产量是 j 工种平均产量的 m 倍，那么可得他的厌恶度付出 T_α 既是 $h_i \cdot K_i \cdot m \cdot u^0$。如果 $h_i \cdot K_i \cdot m$ 大于 1，表明他的厌恶度付出超出社会劳动者的平均厌恶度付出，反之亦然。

7.2.3 理性群体的分配方式

当每个劳动者的劳动厌恶度付出都明确后，公平的分配方式必然为收入是以厌恶度为变量的单增函数：$S = S(u)$，即付出多贡献多则收入多，但是这个单增函数应该是什么形式才能实现群体的最大满意度剩余将是一个有趣的课题。因为不同的分配方式将决定不同的总满意度函数，越公平的分配方式将会使群体获取更大的满意度剩余。为了简单起见我们先假设这个分配方式为线性函数，也既劳动者的收入与其厌恶度的付出等比例增长。完全类似于计件工资的方式。

（1）先从最简单的模式入手来讨论理性群体的生产与分配关系。已知经济体的整个存量财富以按本核算方式为 $F = F_1 + F_2$，其中 F_1 为耐用性财富存本，F_2 为工具类财富存本。此时群体已经过渡为比较高级的理性群体，所有存量财富都已经被群体的全体成员

所共享，每个成员都在这个存量财富的总量中占有一定的份额。记 $'\Omega = \{\alpha \,|\, \alpha = 1, 2, \cdots, \omega\}$ 为群体成员集合。f_α 为成员 α 所占有的存量财富份额，那么应该有 $F = \sum_{\alpha=1}^{\omega} f_\alpha$。这个关系意味着整个社会的所有耐用性财富与工具性财富都是由全体社会成员共同拥有，每个具体的个人都不拥有某个具体存量财富的私人产权。但是这种共有不仅仅是口号式形式化的共有，而是能落实到每个社会成员记账式的具体份额共有，并且能让成员通过这种具体份额的拥有获得实实在在的利益。

理性群体的成员除了私人化的易耗财富外不再拥有任何其它私产。个体化的交通工具由自动驾驶的共享轿车取代，住房以及房间内的一切用品也都是采用共享房屋的方式。每个群体成员可以按照个人需求选择最适合自身的房屋长居或者短住，不同的居住条件由价格进行调节。

假设每个消费周期以年为单位，群体成员的预期寿命为 80 岁，群体成员 0-20 岁为成长期，20-60 岁为工作期，60-80 岁为退休期。由于在成长期需要抚育与教育，退休期需要被陪护与照顾，不妨认为在成员的各个生命期的各消费周期内所需要提供的财富量是相同的。为简便计不妨假设每个年龄段的群体成员人数是相等的，而且群体每年的生产活动都是静态重复的。如果某工作期成员 α 的厌恶度支付是 T_α，那么他的报酬四分之一应该用来支付成长期成员的需求，也相当于是用来偿还自己成长期时的消费，四分之一用来存储以备退休期使用。这两项相当于现在的税收和养老保险。

已假设在理性群体实行等比例按劳分配制度，设基准厌恶度 u^0 的报酬为每年十万元，$T_\alpha = k_\alpha u^0$，那么成员 α 的报酬支付将是 $k_\alpha \cdot 10$ 万元。而全群体工作成员的人数为 $\omega/2$，平均报酬为 10 万元，所以工作成员的总收入为 $\omega/2 \cdot 10$ 万元 $= \omega \cdot 5$ 万元。工作成员收入的四分之一交由群体中负责成长期成员的教育抚养机构，四分之一用于自己的养老储备。而退休成员每年提取的退休金平均为 $u^0/2$，总额恰

好是 $\omega \cdot 5/4$，等于全体劳动成员的养老储备。

工作成员的养老储备绝非是名义上的货币储备，而是实实在在的厌恶度支出所创造的财富储备，退休成员的退休金也是对应着自己原来劳动所储备的存本财富释放出的满意度。所以不难算出全体工作成员的基准厌恶度储备为 $40/8 \cdot \omega/2 \cdot$ 基准厌恶度 $= 2.5\omega$ 基准厌恶度。而全体退休成员的基准厌恶度储备为 1.25ω。所以这个群体的存本财富为 $7.5\omega/2$ 基准厌恶度。但是 $\omega/2$ 基准厌恶度是群体一年的基准厌恶度总支出，因此得群体的存量财富恰好是群体每年基准厌恶度支出 7.5 倍。也即群体的存量财富应该是群体 7.5 年净劳动生产之总和。

由于存量财富就是由建筑业产品、生产工具类产品、交通工具类产品以及日常耐用型财富如彩电冰箱空调家具等设施组成，如果理性群体的年龄结构与工作期如上，则表明理性群体每年应该投入四分之一的劳动用于存量财富的生产，而存量财富平均释放满意度的年限为三十年。存量财富每年所释放的满意度恰好是群体退休成员所获取的退休金，换言之也就是退休成员在工作期间劳动付出所储存的存量财富在后续年间所释放出的满意度也恰好是退休成员的退休金所得。

我们知道随着群体文明程度的提高，群体在满足总满意度函数的生产下所需支付的厌恶度将越来越少而获取的满意度则会越来越多，因此人们的工作期也将日趋减少。假如群体的平均年龄为 90 岁，成长学习期为 0-30 岁，工作期为 30-60 岁，退休期为 60-90 岁．则可以简单推算出群体的存本财富应该是群体 10 年净劳动生产之总和，群体每年应该投入三分之一的劳动用于存量财富的生产。

如果群体成员的基准厌恶度 u^0 付出的报酬是每年 s 元，成员每年的平均工作时间是 t 小时，而一个成员每年在该群体能够维持最基本生存的费用为 q 元，再接受以前人为了能够达到基本温饱都得日升而作日落而息每年将近 3600 小时的劳作。可以理解为 3600 小时的劳作获取q元报酬即为群体成员的基本厌恶度度量。

定理7-3：s、t、q含义如上，理性群体的文明指数

$$\Lambda = 1800 s / t \cdot q \tag{7.10}$$

证明：工作群体人数为$w/2$，成员平均厌恶度付出为基准厌恶度u^0，所以群体总厌恶度付出为$w \cdot u^0 / 2$。而总报酬为$w \cdot s / 2$元，其中$w \cdot s / 8$为成长期成员所消费，$w \cdot s / 8$为退休成员所消费，$w \cdot s / 4$为工作期成员所消费。因为群体成员的收入都是以厌恶度付出的绩效而获取报酬，成员之间没有货币支付关系，只有成员与机构之间的支付关系。所以整个群体的货币总消费量就是$w \cdot s / 2$元，等同于群体获取的满意度总和就是$w \cdot s / 2$元。而q为群体成员的基本生存厌恶度度量，全体工作期成员的所支付的厌恶度总和为$t \cdot w \cdot s / 3600$。用群体获取总满意度除以群体成员支付的总厌恶度既得（7.10）式。其实这里我们没有考虑工作期差别的因素，如果给与考虑的话其文明指数的数值还会更高一些。

财富函数与总满意度函数都是以厌恶度为自变量以满意度为函数的表达式，只要厌恶度或满意度的度量明确则其函数表达式也既明确。而厌恶度、满意度的度量是由经济体内的货币量多少来确定的。比如将原来一元的货币定义为10元，则按价交换的商品将瞬间提升十倍价格，满意度、厌恶度的度量也将随之提升十倍。所以只要规定基准厌恶度度量为s元，便明确了整个经济体的总满意度为$w \cdot s / 2$元以及群体全体工作期成员的所支付的厌恶度总和为$t \cdot w \cdot s / 3600$。既只要依据按劳分配原则规定了基准厌恶度的度量也就明确了群体的满意度、厌恶度的度量以及每年经济体的货币流通量，规定了基准厌恶度的度量也就相当于给出了满意度、厌恶度度量的单位。

理性群体的存量财富是按本核算的，而以基准厌恶度来核算存量财富实际上是介于按本核算与按价核算之间的方式。

定义：如果某存量财富是在m年中分别支付了s_1，s_2，……，s_m基准厌恶度完成的，而这些年的文明指数分别为Λ_1，Λ_2，……，

Λ_m。则称 $\sum_{i=1}^{m} \dfrac{s_i}{\Lambda_i}$ 为该财富的**存本核算价**。

同理若某个成员 α 在工作期 n 年中分别支付了 T_1，T_2，……，T_n 基准厌恶度，其中 $T_i = k_i \cdot u^0$，而这些年的文明指数分别为 Λ_1，Λ_2，……，Λ_n。如果该成员每年将四分之一的厌恶度作为存储，则称 $\dfrac{u^0}{4} \sum_{i=1}^{n} \dfrac{k_i}{\Lambda_i}$ 为成员 α 的**厌恶度储备**，此时 $\dfrac{u^0}{4} \sum_{i=1}^{n} \dfrac{k_i}{\Lambda_i}$ 的计价单位为元。

通过上述定义我们得到了对存量财富实行按本核算的具体方式，也实现了对成员劳动储备的按本核算方式。而之所以如此做的原因在于厌恶度度量是经济学中最重要最根本的不变量，是一个类似于科学理论中不随时空变换的物理不变量。比如成员 α 在第 i 年存储了 100 元的厌恶度，当年的文明指数为 40，即这个厌恶度支付可以在当年获取 4000 元的满意度，假如该成员在第 $j+1$ 年提取这个储备，而第 j 年的文明指数为 50，则该成员凭借这些厌恶度储备便可以与本年支付了 100 元厌恶度的成员一样获取 5000 元的满意度。换言之厌恶度的支付与其所支付的年份无关，任何年的同量厌恶度支付都互相等同，但是由于文明的提高与文明指数的提升使得同量的厌恶度付出可以获取更多财富的产出，所以早期的厌恶度付出在后期就能够得到更多的满意度获取。同理厌恶度也与其所支付的地域也无关。

若成员 α 退休后每年提取其总存储的二十分之一，则在第 $j+1$ 年其所提取的退休金为 $\dfrac{u^0}{80} \sum_{i=1}^{n} \dfrac{k_i}{\Lambda_i}$ 元，其中 Λ_j 为第 j 年的文明指数。

虽然生产中包含千千万万个产业，但是科研研发产业与教育产业却是比较特殊的产业。科研研发不仅用于提升现有领域的技术水平，更主要在于源源不断的创新开发新型财富。而新型财富的出现也必将产生新的财富函数与基本财富函数，进而使得经济体也将源源不断的产生新的生产工序和生产技术。教育产业为群体培育更高级的未来合格劳动者，教育不仅有课堂的辅导型教育也包括群体成员组成讨论班进行相互启导的互助型教育。总之科研研发产业与教育产业都是群体面向认知自然、和谐自然这种人之最高需求的产业，不妨称之为第四产业。笔者相信随着理性群体的文明程度提高，未来从事这两个产业的人数比例将会越来越高，甚至成为众多群体成员的兴趣或乐趣所在。

前面讨论都是基于理性群体已经基本完备且生产静态平衡。然而在一个非民主、非公正、非德治的非理性群体向民主、公正、德治的理性群体过渡之初，该群体的存量财富分配恐怕都会出现贫富悬殊的情况，也许极少数一部分人占据了这个群体存量财富的绝大部分。如果采用暴力剥夺来杀富济贫的话不仅会造成极大的内耗动乱，甚至更可能造成该情况的周而复始。也许帕累托改进原则会成为民主群体的最优选择。依然记 $'\Omega = \{\alpha \mid \alpha = 1, 2, \cdots, \omega\}$ 为群体成员集合。f_α 为成员 α 所占有的存量财富份额，那么应该有群体的总存量财富 $F = \sum_{\alpha=1}^{\omega} f_\alpha$。只不过在非理性群体都是实行按价核算，此处的 f_α 是成员 α 拥有的存量财富的交换价格。假如该群体前一年的文明系数为 ψ，则记 $G = F / \psi = \sum_{\alpha=1}^{\omega} f_\alpha / \psi = \sum_{\alpha=1}^{\omega} g_\alpha$，这里 G 为群体按本核算的总存量财富，g_α 为成员 α 按本核算的厌恶度存储。实现了存量财富的按本核算并且所有存量财富都成为全体成员共享之后，群体便可以实行按价交换、按劳分配、不劳者不得原则了。而原来的富人并没有损失任何财产，他们依然可以在适当规定之下支配自己的所有财产，只不过彼时所有存量财富都已经被全体成员共享，富人们只能提取已经根据按本核算原则换算成属于他们的那份厌恶度储备，或者说由此所对应的货币。只要缴纳适当的富人消费税，他们依然可以挥金如土般的奢侈消费，但是当他们去世后的遗产则会被征收非常大比例的遗产税以避免其后代变成寄生虫、吸血虫般的二世祖。而且在理性群体中也绝不会存在什么所谓的慈善基金机构让这些富人合法逃避遗产税。但是依然会有某些极富之人的财富可以庇护几代后人使其可以终身不劳而获，只是不知这样的后人是幸还是不幸呢。

群体所有存量财富包括所有生产工具生产资料都被全体成员共享绝非所谓名义上的公有制。在公共权力还被私人占有情况下，所谓名义上的公有制，实际上的财富处置权、受益权通常依然属于占有公共权力的某些私人。而理性群体的财富共享制则是将全社会的存量财富依据按本核算价值和按照公平按劳分配原则实名到每一个劳动成员名下，可以让所有成员不可剥夺的切实的享受与获取属于自己的那份满意度。

在共享所有制体系下是不需要保险业的，任何天灾所造成的财富损失都是由全体成员共同承担，只不过所有成员都要在自己的厌恶度存储上按相应比例适当减少一部分来弥补存量财富的损失和补偿具体受害者。而对于任何恶意人为的内耗事件是公正、民主群体坚决予以杜绝和避免的。而这些内耗无非是暴力抢劫与故意欺骗以及由这两种行为衍生出的各种恶行，如杀人放火偷窃造谣诽谤虚构捏造歪曲事实的蛊惑等等。针对这些恶行的实施者，理性群体会采用科学民主裁决的方式（可详见《附录一 一种在线统计群体满意度的方法》，《附录二 Introduction to Justice Theory and its Application ------ An Online Statistic Tool for Measuring Customer Satisfactory》）让其得到应有的惩罚，使其利用这种手段获取利益的成本远大于获益的期望值，从而让这样的恶行逐步减少以致被绝迹。虽然不能保证每次的民主裁决都能得到最完美的结论。但是不难证明民主裁决的方式是纠错能力极强的措施，其裁决必将逐步优化并且逐步彻底杜绝上述各种恶行。群体成员也会在实践中逐步完善对抢劫、欺骗行为以及各类衍生行为的文化认知，逐步淘汰愚昧群体原存的强盗文化欺骗文化认知基因。

总而言之求逸厌劳的理性群体不仅仅是公正公平遵从科学的群体，也是所有成员都在社会公共权力事务和经济地位方面拥有公平、平等地位的成员。成员间只有工作岗位的区别而不存在奴役与被奴役，或者长时期支配与被支配之间的主从关系。任何成员的工作绩效由科学民主的方式来评判而绝非由某个自由心证的个人来决定。即使成员 α 自愿参加某项由成员 β 主持的小组活动，假如在活动中间成员 α 心生悔意，那么只要他能坚持到自己承诺的工作时间便可以退出，从而不必长时间的忍耐去做自己不愿意做的事情。

中国古代有仁义礼智信五常之说，而理性群体是实现了平等（仁）、公正（义）、公平（礼）、科学（智）、自由（信）的新五常群体。在此为什么把诚信与自由等同呢？因为在一个公正群体里的成员只要遵守诚信就能获取真正和最大自由。对于个人而言，能够对外部产生影响的无非是言与行，而真正的自由必然是无界且有边的。为此引入一个

定义：一个人的自由是无界的，是指他可以为所欲为，畅所欲言。但是一个人的自由是有边的，是指如果他的言行造成了群体的纠纷内耗，那么他必须承诺接受群体的民主公裁。这种承诺就是成员的诚信。

假如某成员的言行引发了群体内的人际纠纷，如果民主裁决判定他无过错，则他的言行无责且可以不被限制。但是如果他的言行却是包含有欺骗、暴力恶行成分，那么他也必须接受民主裁决所给与的惩罚。实际上言论上的恶意欺骗通常比各种恶意的行为给群体带来的损耗更大，所以应该更加防范杜绝各种欺骗、造谣、诽谤、虚构捏造歪曲事实的言论。明明知道其人准备杀人越货，决不能惺惺作态的主张"我不同意你的行为，但我誓死捍卫你自由行为的权利"。同理，明明知道其人在欺骗造谣，也决不能装腔作势的主张"我不同意你的观点，但是我誓死捍卫你自由言论的权利"。因为这样的主张只会愈发助长暴力恶行与欺骗造谣的蔓延和肆虐。

综上所述，理性群体是一个天下大公、天下大同、天人合一的平等、公正、公平、科学、自由的群体。

第 八 章

利率与汇率

8.1 利率

8.1.1 什么是利率

利率是指一定时期内利息额与借贷资金额的比率，利息是借款人向其所借金钱支付的代价，亦是借款人所获得的回报。利率通常以一年期利息与本金的百分比计算。很多人以为利率仅仅是货币发行机构用来调节宏观经济的一个工具而已，低利率可以促进消费和鼓励投资，高利率则鼓励储蓄和抑制投资。而且现代社会中许多国家也都是可以在一年内让其自身货币利率大幅度升降，所以更加让人相信利率只不过是一个完全可以被人为主观设定的数值。那么利率这个数值究竟是一个可以被人随意操纵的主观产物还是一个具有深刻内涵的客观产物呢？利率的内在本质究竟是什么呢？

8.1.2 利率的本质

在第六章中我们知道随着社会文明程度和生产技能的日益提高，所有财富函数中的佳点越来越小，而对应的财富函数数值却越来越大。也既人们所需支付的劳动付出日趋减少，而相应获取的财富与满意度却同步增长。为简单起见我们以理性群体的生产为例（同样对非理性群体也有效）。假设群体在第一年的文明系数为 50，第二年群体的生产技能得到进一步提高使得文明系数提升为 51，而且这两年群体基准厌恶度付出的报酬都是十万元。这意味着一个人在第一年要维持基本生存需求的费用为十万除以 50 等于 200 元，第二年要维持基本生存需求的费用为 10 万除以 51 等于 196 元。造成这个的原因亦在于因为文明程度和生产技能的提高使得人们可以用更少的劳动获取到更多的财富，所以在货币供给不变的情况下，更多的商品在按价交换、稀贵稠贱市场上总体上都是降价的，也既人们对于同样的商品在新的一年中所给予的满意度赋值会随之下降。所以在第一年需要支付 200 元购买的维持基本生存需求的商品在第二年也只需要 196 元了。换句话说，如果第一年的 100 元货币没有使用而留存到第二年，那么在第二年这一百元货币的购买力就相当于第一年的 102 元的购买力了，即在第一年需要支付 102 元才能购买到的商品在第二年只需支付 100 元就可以购买到了。但是对于成员而言，这两年 100 元货币购买到的满意度依然还是 100 元。从另一方面讲，如果成员在第一年存储了可以兑现 2×50=100 元货币的 2 元的厌恶度，那么在第二年这二元厌恶度就可以兑现 2×51=102 元的货币，于是该成员前一年的 2 元厌恶度存储便可以在第二年获得前一年将近 104 元才能购买到的商品和获取 102 元财富商品的满意度。所以第一年如果存储了 100 元货币也相当于存储了 2 元的厌恶度，而在第二年这 2 元的厌恶度就可以兑换为 102 元了。这就是货币可以增值的根本原因，而货币的增值部分与总额的比值就是货币的利率。只不过在理性群体中货币的增值体现在购买力的增值上面，体现在随着社会文明程度与生产技能的提高，社会各商品的价格走势总是越来越低的这个基本事实上面，体现在理性群体的货币流通量基本不变而社会所提供的商品财富种类与总量上却是越来越多的事实上面。所以我们得到如下

定理：**货币的年利率**恰恰等于群体当年的文明系数与前一年的文明系数之比。如果文明系数递增，则利率为正，反之亦然。

这个定理也可以看作是社会成员厌恶度度量不变性的另一种叙述。这里所说的厌恶度度量也可说是厌恶度价格就是上面举例中的 200 元和 196 元。它表示一个成员一年中维持最基本生存需求所需

要的货币量。当然这个最基本生存需求的标准应该是有基准年的。因为鸿蒙之初部落之民的茹毛饮血般的基本生存需求与 200 年前先民吃糠咽菜、半饥半饱、衣不遮体的基本生存需求就有所不同，而在今天人们已经很难再找到充饥的糠食与蔽体的麻衣来对标这样的需求了。因此随着时代的进步，社会对基本生存需求的标准也会有所不同。但是只要明确了基准年，那么群体就立刻有了基本生存厌恶度的度量和价格。因而也就可以计算对应的文明系数了。

在上面第一年文明系数 50 第二年文明系数 51 的例子中知道一个成员在这两年中如果都付出了基准厌恶度劳动，可是第一年的劳动是等于 200 元厌恶度付出而第二年的劳动却只等于 196 元厌恶度付出了。其实这是由于随着文明程度提高与生产技能的进步导致了社会平均厌恶度付出的劳动强度与工作时间都降低的结果。随着文明程度与生产技能的持续提高与进步，人们的劳动强度与劳动时间也必将持续的减少。即使工作成员每周工作一天，一天工作一个小时也不过是未来的必然事件而已，即使以后群体工作成员的平均社会厌恶度付出仅仅是每年一元，但是却可以获取 10 万元的满意度的回报也是可期的。这些都是求逸厌劳的理性群体必然实现的结果。

8.1.3 非理性经济体的利率

不过对于非理性经济体而言，由于雇佣者必须维持用以迷惑被雇佣者的所谓刚性工资制度，所以货币发行机关就必然用多发甚至滥发货币的方式来稀释劳动者的报酬。虽然维持了劳动者的工资收入不降但是却导致了商品价格的提升以致造成了经济体自身的通货膨胀。所以此时的利率数值反映的根本不是经济体的文明系数的提高程度，而通常反映的却是货币发行机关多发、滥发货币所制造的通货膨胀程度。由于多发滥发货币的规模完全可以被货币发行机关主观人为操纵，所以便给人以货币利率也是可以被主观人为操纵的假象。但是归根结底货币名义利率减去通货膨胀率才是货币的真实利率，才是经济体文明系数的提高比例。如果通货膨胀系数大于利率数值，那意味着经济体的文明系数降低了，经济体的经济出现了实质性的倒退。

8.2 汇率

8.2.1 什么是汇率

汇率是两个独立经济体的单位货币之间的比值数，规定这个比值以用于两个独立经济体之间实行互通有无的贸易往来核算。贸易包括实物贸易与劳务贸易，实物贸易都是制造业产品、农产品与矿资源产品。而必须依赖于土地类的产品是无法进行贸易的，例如某个经济体的理发行业、当地交通行业或者建筑物及建筑物的租赁行业等等。将可贸易的财富产品称之为 A 类产品，不可贸易的财富产品称之为 B 类产品。

假设有甲乙两个实行互相贸易且有各自货币的独立经济体，不失一般性可以将 A 类产品分为三个小类：1、甲经济体具有技术优势的产品类，即这类产品在甲经济体内的价格低于乙经济体内的价格。2、乙经济体具有技术优势的产品类，即这类产品在乙经济体内的价格低于甲经济体内的价格。3、双方经济体技术水平相等的产品类。

首先假设甲乙是两个理性群体组成的经济体，甲方对第 1 小类产品生产的价值系数为 N，乙方对应的价值系数为 n，$N > n$，甲方对第 2 小类产品生产的价值系数为 m，乙方对应的价值系数为 M，$M > m$。那么对于两个理性群体而言他们最优的求逸厌劳方式就是两家一盘棋，互相传授先进的文化与技术，于是甲乙双方都在第 1 小类产品生产中实现价值系数为 N，在第 2 小类产品生产中实现价值系数为 M。从而双方都提升了自己的文明系数。

8.2.2 非理性群体的汇率与贸易平衡

如果甲乙是两个各自为政只为自身利益谋取最大利益的经济体。

为了说明清楚起见，假设第一小类产品为水果，甲经济体具有生产技术优势。第二小类产品为蔬菜，乙经济体具有生产技术优势。再假设甲乙两个经济体的货币与黄金的兑换率分别为 $p:1$ 和 $q:1$，也即甲乙之间的货币汇率为 $p:q$。在这个汇率下，甲方的水果具有价格优势，乙方的蔬菜具有价格优势。因此甲方向乙方出口水果，乙方向甲方出口蔬菜。随着贸易量的增加，甲方市场上的水果价格会因为水果供应量的减少而提高，而蔬菜价格会因为进口带来的市场供应量的增加而降低。当双方市场的水果、蔬菜价格都平衡后便是双边合适的贸易量。如果此时双方互相支付的货币相等，说明双方的货币汇率是恰当的。如果此时乙方出口蔬菜获取的货币额不足以支付用来进口水果的货币额，则乙方将会出现贸易逆差。为了避免逆差情况，乙方就应该适当调整自身货币汇率，让自己的货币相对于甲方货币贬值。贬值结果就是让自家的蔬菜价格更低，而使对方的水果价格更高。拉大了双方蔬菜价格的差值和减少了双方水果价格的差值，从而增加了自己蔬菜数量的出口和减少了水果数量的进口。以此缩减了贸易的逆差甚至转变为顺差。但是只要贬值幅度适当总可以实现双边的贸易平衡。

8.2.3 贸易顺逆差与汇率的关系

那么是否货币贬值越大其贸易顺差就会越大呢？其实不然。假如甲乙双方在汇率 1:1 时能够实现贸易平衡，此时如果乙方贬值自己货币汇率，确实能够实现贸易顺差，但是其顺差额度并不会随着持续贬值而单调增加。比如乙方将货币汇率从原来的 1:1 贬值为 1:100，以前一斤蔬菜便可以兑换一斤水果在新汇率下变成了 100 斤蔬菜才能兑换回来一斤水果，那么乙方的销售商便会停止这种贸易，双边的贸易也就归零了。所以对于任何经济体而言，它的贸易顺逆差与汇率的关系如同下图

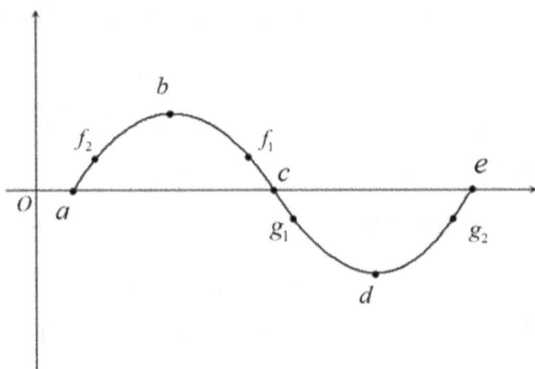

图 8-1

这里纵轴表示顺逆差的货币额，乙方或对方的货币计量甚至黄金的计价量也可以，只不过采用不同的核算单位会改变图表中曲线的具体数值幅度但是不改变曲线的形态。横轴表示乙方货币与对方货币的汇率比值。如果自家货币与对方货币汇率为 0:1，意味着对方拿出一分钱就可以将乙方的所有财富都购掠一空，所以在此处不会出现贸易额。a 点是贸易的临界点，只有当货币汇率达到 a:1 时才会有零星的卖家开始出售产品，但是因为此处依然偏离双边贸易平衡点太远，对方的商品价格对于乙方而言还是非常昂贵，所以乙方难有买家购买，所以随着乙方货币汇率的升值，其贸易顺差也随之增加直到顺差最大值点 b 处。汇率的升值意味着己方产品的价格优势削弱和对方产品的价格优势增强，过了 b 点后乙方的顺差便开始递减直至 c 点，在 c 点处双边贸易实现平衡。可以总结如下

（i）当乙方汇率低于 a:1 时，因为汇率与合理汇率偏差太大，双边没有贸易。

（ii）当汇率为 a:1 时，甲乙双边开始贸易，乙方微小顺差。

（iii）当汇率为 b:1 时，甲乙双方贸易额增加，乙方达到最大贸易顺差。

（iv）当汇率为 c:1 时，甲乙双方实现了贸易平衡。

（v）当汇率为 d:1 时，甲方达到最大贸易顺差。

（vi）当汇率为$e:1$时，由于汇率偏离合理数值太大，双边贸易中断。

从上述曲线可以看出有四个具有不同意义的线段，$a-b$的f_2线段，$b-c$的f_1线段，$c-d$的g_1线段，$d-e$的g_2线段。在f_2线段区间乙方汇率过低，所以造成了乙方产品的过度贱卖和过度的贵买了对方产品，结果是获取了过多被高估值的对方货币。在f_1线段区间，汇率相比于f_2线段区间还是合理一些，属于经济体的汇率正常区间，但依然是贵买贱卖吃亏的一方。g_1、g_2线段恰好相反，乙方都是贱买贵卖的得利一方。所以对于双方而言，c点才是汇率的最合理之点。

8.2.4 如何判断经济体的汇率区间

那么是否能够判断某个经济体的汇率到底在哪个区间吗？其实很简单，如果某个经济体顺差，如果货币升值则顺差增加，货币贬值则顺差减少，则这样经济体的汇率就落在f_2区间。当然这样的经济体通常都是一个不可名状的怪胎经济体。如果经济体的汇率升值导致顺差减少或逆差增加，汇率贬值导致逆差减少或顺差增加，那么这个经济体的货币汇率就处在正常的f_1、g_1线段区间。这是大多数经济体的货币汇率所处的区间。那么什么样的经济体的货币汇率能够处于g_2区间呢？这必然是一个能够贱买贵卖并且可以无限制赖账的经济体，是一个豪横霸道的寄生经济体。总之无论汇率位于f_2区间还是位于g_2区间的经济体都是非常奇葩经济体。于是我们有结论

定理8-1：本币汇率合理的经济体都是能够实现贸易平衡的经济体，本币汇率高估的经济体都会出现贸易逆差，本币汇率低估的经济体都会出现贸易顺差。

8.2.5 如何调节众多经济体间的汇率来实现都不吃亏的贸易平衡？

如果有众多独立经济体，每个经济体都有自己独立发行的货币。那么如何调节这些众多经济体间的汇率比值来实现大家都不吃亏的

贸易平衡呢？首先选择一个中介标的物，可以是黄金也可以是一个虚拟标的物，然后所有经济体都将自己货币与这个标的物的单位确定一个汇率值。如果一共有 n 个独立经济体，但是任何一个经济体都可以当成只与一个外部经济体在进行贸易，所以都有一个类似上面图 8-1 所示的图表。在年终进行外贸核算时，但凡逆差的经济体就贬值自己的货币，调低与标的物的兑换比率，如果贬值后第二年的贸易逆差增大，表明其货币位于 g_2 区间，则应该扩大其货币的贬值幅度。但凡顺差的经济体就升值自己的货币，调高与标的物的兑换比率，如果升值后第二年的贸易顺差增大，表明其货币位于 f_2 区间，则应该扩大其货币的升值幅度。总之逆差经济体贬值自己货币，顺差经济体升值自己货币。

1、如果某经济体在年终贸易核算时净逆差为一千万元本币，也既清算了自己手中的其它外币后净流出或对外亏欠了一千万元本币。假如在本贸易年本币对标的物的兑换率为 100:1，则表明该经济体本年贸易逆差值为 10 万标的物单位。如果标的物为克黄金的话，则表明该经济体本年贸易逆差为 10 万克黄金。由于逆差经济体的货币应该贬值，若该经济体在第二年的本币与标的物兑换率调整为 125:1 的话，那么此经济体流出的一千万本币就只能兑换 8 万克黄金了，这显然损害了顺差国的利益。所以年终核算后，该经济体或者用标的物兑换回自己流出的逆差货币，或者另外增加 250 万本币补偿给相应的顺差国。

2、如果某经济体在年终贸易核算时净顺差为一千万元本币，既清算了自己手中的其它外币后净流入或对外持有债权一千万元本币。假如在本贸易年本币对标的物的兑换率为 100:1，则表明该经济体本年贸易顺差值为 10 万标的物单位。如果标的物为克黄金的话，则表明该经济体本年贸易顺差为 10 万克黄金。由于顺差经济体的货币应该升值，若该经济体在第二年的本币与标的物兑换率调整为 80:1 的话，那么此经济体流出的本币就可以兑换更多克黄金了。所以年终核算后，该经济体应该用其它外币或者标的物兑换回自己流出的逆差货币，或者要求持有自己本币的经济体按其升值比例退还一部分给自己。对于自己所持有的外币也同样处理，要求逆差经济体给予相应补偿和对于顺差经济体给与相应份额的退还。

8.2.6 是否存在一个使所有的经济体都实现贸易平衡的合理汇率？

对于 n 个独立的经济体是否存在一个互相的汇率关系使得所有经济体的贸易都是平衡的呢？结论是肯定的。我们现在用反证法来证明这一点。假设 n 个独立经济体不能实现所有经济体的贸易平衡，也既无论经济体间的汇率如何配比都必然有顺差和逆差的经济体。令 N 是 n 元集合组，对于任何实数 $p_1, p_2, \cdots, p_n$ 有 $\{p_1, p_2, \cdots, p_n\} \in N$。若 $a \in N$，则表明有一组实数 $a_1, a_2, \cdots, a_n$ 使得 $a = \{a_1, a_2, \cdots, a_n\} \in N$。

定义：若 $p = \{p_1, p_2, \cdots, p_n\} \in N$，$p_i : 1$ 是第 i 个经济体的货币与中介标的物的比值。N 个经济体依这个比值关系确定相互间的货币汇率。在这个汇率关系下，记第 k 个经济体在一年的贸易顺差额为 S_k^p。显然如果该经济体是贸易逆差，则这个数额就是负数。不失一般性可以假定第 $1, 2, \cdots, i$ 个经济体都是贸易逆差，也既当 $k \le i$ 时 $S_k^p < 0$。当 $k > i$ 时，$S_k^p \ge 0$。称 $\delta_p = \sum_{i+1}^{n} S_k^p$ 数值为该 n 个经济体在 p 汇率关系下的**贸易失衡量**。

这个失衡量就是 n 个经济体中所有贸易顺差经济体的顺差之总和，也是所有贸易逆差经济体的逆差之总和。现在考虑数集合 $\delta = \{\delta_p; p = \{p_1, p_2, \cdots, p_n\} \in N\}$，显然 $\delta_p > 0$。如果有某个 q 使得 $\delta_q = 0$，这说明 n 个经济体间存在一组汇率关系使得每个经济体都实现了贸易平衡，结论得证。如果所有的 δ_p 大于 0，由数学分析理论可知有下界的集合 δ 必有下确界。假设在 q 汇率关系下 δ_q 达到这个下确界数值。仍然可以不失一般性假设第 $1, 2, \cdots, i$ 个经济体都是贸易逆差，而第 $i+1$ 至第 n 个经济体都是贸易顺差或者平衡的经济体。那么可以令第 $1, 2, \cdots, i$ 个经济体的货币互相汇率不变，但是都对中介标的物实行最小量度的贬值，使其 $q \to q^*$。经过如此调整后，第 $i+1, i+2, \cdots, n$ 个经济体的货币相对于外部都体现了升值，所以 $S_k^q < S_k^{q^*}$，和 $\sum_{i+1}^n S_k^q < \sum_{i+1}^n S_k^{q^*}$，$k = i+1, i+2, \cdots, n$。而由于是最小量级的贬值，所以贸易逆差的第 $1, 2, \cdots, i$ 个经济体最多是实现贸易平衡，因此 $\sum_1^i S_k^{q^*}$ 依然是负数。综合上述结果便得 $\delta_{q^*} < \delta_q$，这与 δ_q 是集合的下确界假设矛盾，从而得证

定理 8-2： 对于 n 个独立的经济体，一定存在一个汇率关系 $p = \{p_1, p_2, \cdots, p_n\} \in N$，$p_i : 1$ 是第 i 个经济体的货币与中介标的物的比值，使得所有经济体都实现贸易平衡。

此外，也不难证明这样的汇率关系是唯一的。

定义： 满足上述关系的货币汇率称之为**经济体的合理汇率**。

对于失衡的贸易局面，只要经过二到三次的适当调整，便可以基本实现所有经济体的贸易平衡了。每个贸易年终核算后再实行各自货币汇率微调，便能够完全实现所有经济体之间的公平合理贸易。从而使得所有经济体的货币汇率都是在合理的比值水平上。

8.2.7 经济体的合理汇率为什么不被认可和执行

其实定理 8-2 是一个十分简单的定理，不论是原理上还是操作上都是十分简单的。但是为什么却不被认可和执行呢？

人类社会曾经以有满意度的物品如盐巴和羊皮为物品交换的一般等价物，也曾经以厌恶度凝聚的金银为物品的一般等价物。只要货币有锚，那么各经济体的货币汇率都会处于 f_1、g_1 线段区间。而对于奉行丛林法则、恃强凌弱的野蛮文明群体，在这种情况下强势集团要想无偿或低偿获取弱势集团财富便只能依靠军事入侵或暴力劫掠手段。当暴力劫掠越来越不得人心也日益得不偿失之时，精于强夺也善于巧取的强势集团自然便变换手段，将货币脱锚实行所谓的信用货币。因为只有实施无锚货币才更有利于强势集团的贱买贵卖。

对于一个习惯于抢劫的强盗集团而言，要想完成从抢劫到贱买贵

卖必须具备以下几个条件 Ω：

1、取消与黄金白银挂钩的货币。

2、这个集团有一个绝对的龙头大哥。

3、拥有几乎垄断性的舆论控制权。

4、拥有某些关键商品的生产技术垄断权。

5、集团的龙头大哥拥有强大的军事暴力机器。

只要具备了上述条件，由若干经济体或者国家组成的这个集团便可以构建以龙头大哥货币为国际通用货币的霸权货币，而集团其它附庸仆从经济体的货币都与这个霸权货币挂钩。进而这个集团可以利用自身军事、经济、舆论媒体上的强势建立国际性的政治、经济、金融组织来操纵控制国际政治、经济、金融诸领域。同时这个集团也必然会纠合该集团成员成立国际军事联盟，第一用于龙头大哥挟持操控甚至军事驻扎在集团其它附庸仆从成员，第二就是用于威慑恐吓集团外的其它经济体，严防和禁止其它经济体违背或不遵从这个集团所制订的各种所谓政治、经济、金融诸规则。于是在这种规则下这个集团拥有了对贸易商品的定价权，不仅是对自己售出商品包括对自己买入的商品都拥有定价权。随之伴随的就是这个集团还会拼凑一个为这些规则服务的文化价值观系统，并且类似于中世纪统治者用宗教洗脑和愚昧民众的方式以这种文化价值观去洗脑和愚昧全球民众。

根据本章定理 8-2 我们知道一定存在一个各经济体的汇率比例使得所有经济体都实现外贸平衡。假设以上述集团霸主的货币单位为基本单位，即存在如下汇率集合 $\{1, p_1, p_2, \cdots, p_m, q_1, q_2, \cdots, q_n\}$，其中，$1:p_i$，$i=1,2,\cdots,m$ 或 $1:q_j$，$j=1,2,\cdots,n$，代表霸主经济体与其它经济体的货币汇率。而 p_i 是集团成员经济体的汇率，q_j 是非集团成员经济体的汇率。在如此汇率关系下所有经济体都能够实现外贸平衡。那么这个集团如何实现对其它经济体的贱买贵卖呢？其实很简单，就是利用自身集团在国际上的强势地位强行扭曲这个能够实现所有经济体都贸易平衡的汇率关系，例如在现实贸易中强行实行浮动于如下的汇率集合关系：$\{1, p_1, p_2, \cdots, p_m, k \cdot q_1, k \cdot q_2, \cdots, k \cdot q_n\}$ 并且 $k \geq 1$，称 k 为汇率的扭曲系数。k 越大说明汇率的扭曲程度越大，也说明高汇经济体贱买贵卖的烈度越大。例如在所有经济体贸易平衡下，q_1 经济体与霸主经济体的货币合理汇率关系本应该是 1:1，可是在这个集团强行扭曲的汇率关系下却可能变成了 1:5 甚至 1:10。为什么如此扭曲汇率关系会使该集团成员会获取贱买贵卖的好处呢？比如有两个村落，强势的张村和弱势的李村都能从事比较完整的经济活动，自己修盖房屋，生产各类基本生活用品等等。张村的货币以元为单位，李村的货币以块为单位。张村善于种植白菜和制造生产桌椅，李村善于种植萝卜和制造生产橱柜。两村为了互通有无，张村用一斤白菜换取李村一斤萝卜，一套桌椅换取李村一套橱柜时两村的货币汇率为 1:1。而且在这种交换关系下两村都能实现贸易平衡。并且两村人互相流动时其村民的消费价格也基本没有太大变化，在张村理发十元，在李村理发十块。在张村住店一宿 30 元，在李村同等水平的旅店住店一宿是 30 块。但是有一天强势的张村突然要求汇率关系调整为 1:5，也既张村的一元货币可以兑换李村的 5 块货币。于是张村的一斤白菜便可以兑换李村的 5 斤萝卜，一套桌椅便可以兑换李村的五套橱柜。虽然依然在自由贸易的旗号下，但是张村在此扭曲汇率情况下却实现完成了贱买贵卖。

8.2.8 当货币无锚且扭曲汇率条件下必然出现的社会现象的经济学解释

在条件 Ω 下，所有经济体必然被分化为两类，以霸主为首带领的一批并且都与霸主建立了某种军事、经济同盟的附庸仆从经济体为一类，除此以外的其它经济体为一类。第一类可以称之为高汇经济体，第二类称之为低汇经济体。显然在扭曲汇率关系下高汇经济体剥削掠夺了低汇经济体的财富。当货币无锚且国际贸易处于扭曲汇率条件下必然出现以下情况：

1、由高汇经济体构成的集团相对于低汇经济体的贸易必然是逆差，虽然某个集团成员可能顺差，但那也是由集团成员直接或间接的贸易造成。而高汇经济体的汇率都处于 g_2 区间，低汇经济体的汇率都几乎处于 f_2 区间。并且这样的汇率结构就是这个高汇经济体集团所制订的各项规则而建立的国际秩序。

2、这个集团将会利用自身对话语权的控制对全球实现文化霸权，其所拼凑的文化价值观成为几乎所有经济体的主流文化价值观。同时利用霸主经济体货币为主要国际通用货币地位，贿赂控制各经济体统治者和收买各经济体内的所谓精英文人并且豢养大批水军为该文化价值观宣扬鼓吹。而这个文化价值观的核心就是为了维护上述所谓国际的秩序。

3、这个集团将利用自身的军事、经济、金融强势对所有可能挑战破坏这个秩序的低汇经济体实行军事威慑，经济、金融制裁甚至直接军事打击。所以低汇经济体显得一盘散沙，由于许多低汇经济体的统治层被贿赂收买或者被把柄讹诈，使得诸多低汇经济体也甘愿被霸主驱使充当其马前卒。

4、由于高汇集团的成员都能在国际贸易中低买高卖获取巨大利达利益，再加之该集团的附庸仆从成员都在政治、经济、金融上被霸主成员深度操控甚至其领土都被军事驻扎。所以该集团具有很强的行为一致性，只要霸主一声令下，其附庸仆从成员都会积极响应，甚至许多成员不惜自噬也要服从霸主的号令，以免自己被霸主剔除出集团。所以这个集团在表象上显得具有很强的凝聚力。

5、由于高汇经济体可以通过扭曲的汇率关系无偿的掠夺剥削低汇经济体，在高汇经济体集团主导的笑贫不笑娼的文化价值观洗脑下，造成了高汇经济体民众相对于低汇经济体民众具有了某种优越感，从而割裂了高汇经济体与低汇经济体民众，也造成了他们之间的矛盾与对抗。因为通过扭曲的高汇率能够带来的巨大利益，即使同文同种同民族的两个经济体，只要处于不同的经济体，那么两个经济体的民众之间也会互相视为仇雠。

6、汇率扭曲体制的一个显著特点就是高汇经济体的人力成本特别高昂，而低汇经济体的人力成本又十分廉价，所以在高汇经济体与低汇经济体的贸易中，双方的贸易商品必然没有交集。毕竟因为巨大的人力成本差距使得在同种贸易商品生产中高汇经济体无法与低汇经济体实行竞争。为了维持这种贸易秩序，高汇经济体必须掌控某些贸易商品的生产垄断性，也既所谓的高附加值或高科技的商品生产。但是随着低汇经济体的生产科技水平的提高，每当低汇经济体也能生产其中某些所谓高附加值商品时，其商品的价格就会出现跳水，从而逼迫高汇经济体放弃这些商品的生产。这种现象也被一些网民戏谑为发达国家的粉碎机现象。一个商品总是由诸多部件构成的，当低汇经济体能够生产某商品多数部件时，高汇经济体就只得由该商品的整机出口商退化为零部件供应商。除非高汇经济体能够源源不断的创新出垄断性的所谓高附加值商品，否则高汇经济体能够生产的商品将越来越少，高汇经济体与低汇经济体之间的贸易逆差也会越来越大。所以为了维护能够使它们低买高卖的高汇率体制，高汇经济体集团对低汇经济体的科技生产进步始终会不遗余力的进行打压、封锁、制裁，甚至当低汇经济体的高科技商品性能质量都超越了它们同类商品时，它们宁可在其内部继续使用劣质高价的同类商品也要抵制低汇经济体的优质低价商品。

8.2.9 货币汇率被扭曲的国际秩序下，人类社会的主要矛盾

所以在所有经济体的货币汇率都被扭曲的国际结构或秩序下，高汇经济体集团所有成员的目的始终是非常明确的，即千方百计、不择手段、不遗余力地维护巩固这个结构与秩序，实际上也就是维护巩固它们能够低买高卖从而剥削吸血低汇经济体的获益。而低汇经济体通常是一盘散沙，有些被打压制裁，有些被拉拢收买，有些希

望通过附庸服从霸主甚至充当霸主的马前卒、炮灰角色进而可以加入到高汇经济体。因此在这个时期，人类社会的主要矛盾就是维护还是打碎这个秩序，而这个主要矛盾是所有其它社会矛盾和社会冲突的总根源。

8.2.10 扭曲的汇率体制必然崩盘

因为可以不劳而获或者微劳巨获，不论是个人还是集体都会丧失进取心，所以对于生产领域越来越少的高汇经济体而言也不可能持续不断地创新出新财富和与之相应的新技术。随着低汇经济体生产技术水平进步并且将越来越多的所谓高附加值商品变成了白菜价的低附加值商品，高汇经济体能够进行垄断生产的可贸易商品就会越来越少，则会造成高汇经济体即使贱买贵卖也没有足够的自产商品来换取自己所需的来自低汇经济体的商品。此时

解决方法1：就是继续增加汇率扭曲系数的数值，让高汇经济体以更少的自产商品来换取更多的所需商品。但是随着汇率扭曲系数的增加，反而会更加促使低汇经济体加快生产技术的进步。例如李村也许适应了张村用一套桌椅换取自己五套橱柜，但是当张村强行改变为用一套桌椅换取八套橱柜时，李村人就会更有动力自己去生产制造桌椅了。这样反而使得高汇经济体的可贸易商品的生产能力更加萎缩，于是又得继续增加汇率扭曲系数数值，显然这是一种恶性循环。而且随着生产能力的萎缩，其军事装备能力以及文化霸权及话语权的控制能力都将随之萎缩，所以这个方法只可权宜而绝非正解。

解决方法2：就是遏制、制裁、破坏、打压取得技术进步的相关具体低汇经济体，如果这个相关经济体比较弱小，那么不惜发动战争来摧毁这个经济体。如果这个经济体比较强大，那么就不择手段的去瓦解、颠覆、动乱这个经济体，在其内部培植第五纵队，外部联合所有高汇集团成员及某些投靠来的其它经济体成员来孤立，妖

魔化这个经济体，甚至不惜发动战争来分裂、解体这个经济体。如果此法奏效，则汇率扭曲体制的这个秩序就会延续下去，然后等待这种次复一次的下一次类似挑战。如果此法不奏效，那么原有的高汇经济体集团就只能分崩离析了。

解决方法3：就是高汇经济体霸主在世界局部地区制造战争或动乱，逼迫高汇经济体其它成员将自身所余不多的高附加值商品生产转移到霸主经济体中，甚至以主子身份命令某些高汇经济体成员将其自身的高附加值商品生产转移到霸主经济体中，妄图以抛弃跟班小弟的方式来独保自己的高汇率。这条路也是走不通的，因为维护汇率扭曲体制不仅要具备一定限度的垄断商品技术生产，还需要一定规模的军事联盟、文化霸权及对舆论的控制权，一旦高汇经济体集团解体，则军事联盟、文化霸权及对舆论的控制权也必将随之瓦解，因此这个汇率扭曲体制的秩序也必然崩盘。

不排除原有汇率扭曲体制崩盘后产生一个新霸主建立一个新的高汇经济体集团继续延续汇率扭曲体制的所谓国际秩序，但是无论如何这样的秩序是不稳定的。只有让所有经济体都能实现贸易平衡的秩序才是公平、稳定的社会秩序。

8.2.11 在汇率扭曲体制下如何判别不同经济体真实的经济规模和国民生活水准

世人们已经习惯于用 GDP 和人均 GDP 数值来衡量一个经济体的经济规模和富裕程度，其实各经济体的 GDP 数据很类似考生给自己的考卷判分，GDP 的高低全凭自己把握。不仅每个经济体的 GDP 统计标准不同，同时也根本没有国际统一的 GDP 统计标准。尤其在汇率扭曲体制下的 GDP 统计失真程度更是超乎想象。

在汇率扭曲体制下的所有高汇经济体的货币汇率都会被高估，虽然不同经济体的货币汇率高估程度不一样，而低汇经济体的货币汇率也都肯定被低估，同样不同经济体的货币汇率的低估程度也不一样。那么在汇率扭曲体制下如何判别不同经济体之间的真实经济规模和真实的国民生活水准呢? 我们以下例来说明。

　　假设某个经济体 U 被分裂为两个经济体 A、B。B 的人口规模是 A 人口规模的五倍。在原经济体货币 u 体系下, A, B 两个地区的人均 GDP 是相同的, 并且 A、B 两个地区的相互贸易平衡。但是分裂后经济体 A 依仗着自己的军事强势、文化霸权、话语控制权和对百分之五左右比例的可贸易商品的垄断权, 强行制订经济体 A 的货币 a 与经济体 B 的货币汇率为 1:5, 而此时无论经济体 A 还是经济体 B 的物价体系都与原来的物价体系保持不变, 但是 A 经济体的人均 GDP 和人工成本则迅即为 B 经济体人均 GDP 和人工成本的五倍了。产生的结果就是 A 经济体的人们去 B 经济体地区会享受到极大的优惠, 以前去 B 经济体旅行住店需要一百元, 现在只用 20 元了, 理发需要十元, 现在只用 2 元了。相反 B 经济体人们去 A 地区的消费则要承受原来五倍的价格。同时 A 经济体的制造业会快速萎缩, 除了一部分地域性非常强的制造商品如教育教材、印刷品、某些饮料, 或者因为安全或其它原因必保的制造产业商品, A 经济体的诸多制造业商品由于丧失了与 B 经济体的竞争能力或者转行或者被迫全部转移到经济体 B 中去。最后导致经济体 A 中从事制造业的劳动人口只占劳动人口的百分之十, 而经济体 B 中从事制造业的劳动人口占劳动人口的百分之三十。经济体 A 用制造业中百分之五的商品与经济体 B 进行贸易交换, 另外百分之五十用于自用, 这自用的百分之五十中除了可以被技术垄断的那部分商品外, 其它部分由于采用新货币计价, 是经济体 B 相同商品价格的五倍。但是由于某些商品不适宜贸易, 而另一部分则被经济体 A 以种种方式给与了市场保护, 使得经济体 B 的商品无法进入 A 的市场与之竞争。此时 B 中从事制造业的劳动人口是 A 中从事制造业的劳动人口的 15 倍, 在原有货币体系 u 下所创造的劳动财富价格也是 A 的 15 倍, 但是在新货币体系下仅仅为 A 的 3 倍。为了能够准确的比较 A、B 两个经济体的经济规模和人均财富享有量，不妨假设两个经济体的贸易是平衡的。于是在一个统计周期中，A 利用汇率扭曲机制用自己百分之五十的制造业商品从 B 那里换取了五倍于己的财富。如果占 A 劳动人口百分之五从事制造业贸易生产的劳动者所创造的财富也恰恰是占 A 每年总创造财富的百分之五，那么利用汇率扭曲体制 A 每年可以利用这占比百分之五的财富交换到相当于 A 每年总创造财富的百分之二十五。所以 A 每年可以消费的财富便增加了百分之二十。同理 B 每年可以消费的财富就相应的少了这些。假设在合理汇率体系和实际情况下，A 每年生产的财富量为 100 的话，那么经过汇率扭曲体制的交换后，A 每年得到的财富便是 120。而 B 在合理汇率体系和实际情况下，每年生产的财富量为 500，但是经过汇率扭曲体制交换后，可以消费的财富就是 480。

最终我们得到，如果在合理汇率体系和实际情况下，则 B 的 GDP 是 A 的五倍，A 与 B 的人均 GDP 相等，但是在汇率扭曲体制下，A 与 B 的 GDP 相等，而 A 的人均 GDP 是 B 的五倍。可是经过汇率扭曲体制的贸易交换后，由于 A 通过高汇率获取了贱买贵卖的巧夺收益后，此时在合理汇率体系和实际情况下，A 的经济规模也既 GDP 与 B 的经济规模相比是 120:480 仅为其四分之一，A、B 的人均 GDP 之比为 120:96，但是在扭曲汇率体制下，A 与 B 的 GDP 相等，A 与 B 的人均 GDP 是 5:1。显然在汇率扭曲情况下得到的 GDP 数据与人均 GDP 数据都有着极大的失真。同理，如果 A 与 B 的可贸易商品为 A 每年创造总财富的百分之八，则在扭曲汇率体制下，A 与 B 的 GDP 相等，A 与 B 的人均 GDP 是 5:1，但在合理汇率体系和实际情况下，A 的经济规模也即 GDP 与 B 的经济规模相比是 132:468，A、B 的人均 GDP 之比为 132:94。所以，两个经济体在合理汇率下的经济规模和人均生活水准与贸易量相关。因为贸易量越大，A 从 B 巧取豪夺掠取的财富就越多。

8.2.12 人类社会从愚昧文明走向理性文明的关键一步

高汇经济体所能垄断的生产商品并非一定是什么高科技商品，在文化霸权的洗脑下，奢侈品、性价比极低的品牌品甚至仅仅只被高汇经济体贴牌的某些所谓名牌商品都是高汇经济体的专营商品。所有这些韦伯伦商品都属于被高汇经济体垄断的商品。所以从某个霸主为首的高汇集团所主导的诸多经济体贸易失衡秩序转向为追求所有经济体都实现贸易平衡秩序也即从汇率扭曲体制转向合理汇率体制是人类社会从愚昧文明走向理性文明的关键一步。

一种在线统计群体满意度的方法

技术领域

本发明涉及一种在线统计群体满意度的方法。

背景技术

目前统计群体满意度的方法，是通过"一人一票"的投票方式。

目前的投票统计方法在提取群体满意度时的缺陷："一人一票"在候选项目达到"三"项和至少三名投票者时，无法正确萃取民意，无法正确表达民意。

在"一人一票"的投票中，当候选项目是"三"的情况下，由于每位投票者手中的选票只有一张，若将选票投向其中一项，则对另外两项的偏好程度就被抹杀了，无法表达出对另外两项的偏好信息，只有把他们统统归为"不喜欢"，这显然是荒谬的。根据"阿罗不可能定理"即使允许投票者对所有选项进行排序时，也会引出悖论。

比如下列状况中，假设甲、乙、丙三人，面对 a、b、c 三个备选方案，他们可以根据偏好程度分别赋予 a、b、c 一定的分值，以表达偏好程度的不同。

$$甲\ (a > c > b)$$
$$65\quad 25\quad 10$$
$$乙\ (b > a > c)$$
$$50\quad 30\quad 20$$

$$丙 （c ＞ b ＞ a）$$
$$40 \quad 35 \quad 25$$

合计：

$$a 获得 65+30+25=120$$
$$b 获得 10+50+35=95$$
$$c 获得 25+20+40=85$$

真实的社会偏好次序为：

$$a ＞ b ＞ c$$
$$120 \quad 95 \quad 85$$

而"一人一票"的投票结果若用分值来分析如下：

$$甲 （a ＞ c ＞ b）$$
$$100 \quad 0 \quad 0$$
$$乙 （b ＞ c ＞ a）$$
$$100 \quad 0 \quad 0$$
$$丙 （c ＞ a ＞ b）$$
$$100 \quad 0 \quad 0$$

把个人的社会偏好程度完全抹杀掉了，所得的社会偏好次序为：

$$a = b = c$$
$$100 \quad 100 \quad 100$$

从而无法整合出群体的意愿排序。

为了回避"一人一票"投票中，候选项目个数达到"三"时因为信息反馈出现盲区而形成的悖论，下面用候选项目"两两对决"的办法进行表决：

若取"a"、"b"对决，那么按照偏好次序排列如下：

$$甲 （a ＞ b）$$
$$乙 （b ＞ a）$$
$$丙 （a ＞ b）$$

社会次序偏好为（a ＞ b）。

若再取"b"、"c"对决，"a"、"c"对决，于是得到三个社会偏好次序：（a＞b）、（b＞c）、（c＞a），由于这三个关系不符合传递性，所以不构成序关系，因此依然无法获取群体对选项的意愿排序，无法获取群体实现最大满意度的选项。

而"一人一票"或投票人仅仅赋予选项排序所得到的结论：

1）a ＝ b ＝ c

　　100　　100　　100

2）（a＞b）、（b＞c）、（c＞a）

都无法正确表达群体意愿。

发明内容

为了解决上述现有技术中的不足，本发明的目的在于提供了一种简便、准确的解读和提取群体意愿的在线统计群体满意度的方法，从而通过网络公平地在线解决争议和进行决策。本发明之所以没有悖论是因为本发明不仅仅要求参与者排序而且要求参与者对选项进行度量化。

为实现上述目的，本发明所采用的技术方案是：

一种在线统计群体满意度的方法，包括以下步骤：

A. 确定事件：由统计发起人对事件进行表述，视事件类型，需要指定当事人时，应指定当事人；

B. 确定统计群体：统计发起人确定统计在哪个群体进行，使统计发起人在指定的群体中完成满意度统计；

C. 确定赋值选项：由群体预先列出各种具体的赋值选项；可由统计发起人自行设定，或者统计发起人向群体征求意见后设定；

D. 确定参与赋值者：在群体的全体成员内随机抽取参与赋值者，或者选择群体的全体成员为参与赋值者，确定后通过网络对参与赋值者发送参加赋值的请求；

E. 参与赋值者对赋值选项进行满意度赋值：参与赋值者接受赋值请求并进入赋值流程后，对已经确定的赋值选项给出相应的满意度赋值；满意度赋值是参与赋值者的满意度表达，满意度赋值以数值形式或曲线形式存在，满意度值在 $-N$ 和 $+N$ 之间，其中 N 为正实数；

F. 根据赋值结果统计出群体最满意的赋值选项：满意度赋值结束后，统计出各赋值选项的群体赋值，对比后得出群体满意度最大的赋值选项，所有赋值选项中满意度最高的赋值选项就是群体最满意的统计结果。

所述步骤 C 中，赋值选项分为单一性选项和集合性选项；如果某个选项可以利用选项中数值的连续变化来变更选项内容，则称该选项为集合性选项；如果某个选项不能利用选项中数值的连续变化来变更选项内容，则称该选项为单一性选项。根据以上特点，对于单一性选项进行满意度赋值时，只需要赋满意度值即可；对于集合性选项赋值时，则需要确定集合性选项的数值和对应数值的满意度值。赋值选项可以是单一性选项和集合性选项的各种组合。因为人们习惯的赋值选项多种多样，有单一性选项也有集合性选项，但是这样过多的选项不利于比较和实施，为了解决这个问题，需要对各种选项进行等价处理，对各种选项的等价处理属于另一个方法，将在另一个专利申请中提出。

所述步骤 E 中，N 优选 10。

所述步骤 E 中，对于单一性选项，参与赋值者直接对选项给出一个满意度赋值。对于集合性选项，参与赋值者只需对赋值选项的局部进行满意度赋值，然后可以通过设定满意度赋值函数合成出在赋值选项全部定义域里的满意度赋值；从而可以合成出个人满意度赋值的曲线函数。满意度赋值函数必须为单峰有界函数；代表应用为非对称正态分布密度函数。参与赋值者在赋值时，使用三点赋值法进行赋值，三个赋值点是：满意度最高的点即满意度为 N 时的点，满意度最高点两边各取任一个点。得到这些点后，代入函数，使用待定系数法求解函数，从而得到个人对赋值选项的满意度曲线；也即得到参与赋值者在集合性选项全部定义域里的满意度赋值。若参与赋值者对某一选项不赋值，则把群体赋值作为他的个人赋值。具体算法为"用非对称正态分布密度函数模拟每个参与赋值者的满意度曲线的算法"，如下：

在以 X 轴代表赋值选项的数值，Y 轴代表满意度的坐标系中，使用两个正态分布密度函数来模拟人的满意度赋值曲线，分别代表满意度上升段和满意度下降段，函数形式为：

$$f(x) = 2Ne^{\frac{-(x-a)^2}{b}} - N \quad b > 0, x \le a$$

$$f(x) = 2Ne^{\frac{-(x-a)^2}{b_2}} - N \quad b_2 > 0, x > a$$

其中 x 为赋值选项的数值，$f(x)$ 为满意度值，

$x \in (-\infty, +\infty), f(x) \in (-N, +N]$

参与赋值者通过三点赋值法确定满意度曲线上的三点。如果最满意的选项数值为 m，选项数值为 0 的时候满意度为 k，最大选项数值 max 时满意度为 v。

则 $f(m) = N, f(0) = k, f(\max) = v$

从而可得

$$a - m, \quad b = \frac{a^2}{\ln(\frac{2N}{N+k})}, \quad b_2 - \frac{(\max - a)^2}{\ln(\frac{2N}{N+v})}$$

至此求出个人的满意度赋值曲线，从而可以确定任意选项数值上的个人满意度。

所述步骤 F 中，对于单一性选项，将参与赋值者对赋值选项的满意度赋值取均值后作为单一性选项的群体赋值；假设有 2 个个人满意度赋值，y_1，y_2，那么它们合成的群体赋值就是 $\frac{y_1 + y_2}{2}$。如果有 n 个个人满意度赋值，y_1，y_2，$\cdots$，y_n，那么它们合成的群体赋值就是 $\frac{y_1 + y_2 + \cdots y_n}{n}$。对于集合性选项，使用计算获得的每个参与

赋值者的满意度曲线，合成计算出群体满意度曲线，群体满意度曲线的最高点为集合性选项群体赋值；假设有 2 个个人满意度曲线，$f_1(x)$，$f_2(x)$，那么它们合成的群体曲线就是 $\dfrac{f_1(x)+f_2(x)}{2}$。如果有 n 个个人满意度曲线，$f_1(x)$，$f_2(x)$，$\cdots f_n(x)$，那么它们合成的群体满意度曲线就是 $\dfrac{f_1(x)+f_2(x)+\cdots f_n(x)}{n}$。得到最高群体满意度赋值的选项称为该次统计的选中选项。

一种在线统计群体满意度的方法在在线争议解决中的应用，其特征在于，包括以下步骤：

a. 确定需要裁决的争议事件：由统计发起人对争议事件进行表述，指定当事人；

b. 确定统计群体：统计发起人确定统计在哪个群体进行，使统计发起人在指定的群体中完成统计；由群体对事件或当事人进行判定。

c. 确定对当事人可执行的奖惩措施作为赋值选项：由群体预先列出对当事人可执行的奖惩措施作为赋值选项；可由统计发起人自行设定，或者统计发起人向群体征求意见后设定；

d. 确定参与赋值者：在群体的全体成员内随机抽取参与赋值者，或者选择群体的全体成员为参与赋值者，确定后通过网络对参与赋值者发送参加赋值的请求；

e. 参与赋值者对赋值选项进行满意度赋值：参与赋值者接受赋值请求并进入赋值流程后，对已经确定的赋值选项给出相应的满意度赋值；满意度值在 $-N$ ~ $+N$ 之间，其中 N 为正实数；

f. 根据赋值结果统计出群体最满意的赋值选项：满意度赋值结束后，统计出赋值选项的群体赋值，对比后得出群体满意度最大的选项。

所述步骤 d 中，参与赋值者都是随机抽取的，随机抽样的好处是可以避免网络水军和粉丝团恶意赋值扰乱群体统计结果。

统计数学理论表明，随机抽样统计结果可以代表全体。

准确性的定义：如果能够对该群体的所有成员都发放问卷并且全部合格回收，将其意见整合后便可以得到群体对具体纠纷中不同赋值选项对应不同群体满意度的一个曲线 A。如果规定群体最不满意选项对应的满意度为 0，群体最满意的选项对应 100 的话。那么对由某随机抽样产生的满意度曲线而言，如果该抽样统计的最高满意度选项在曲线 A 中是对应 90 的话，则称该抽样统计的准确度为 90 分。

可靠性的定义：如果选取某个抽样方式，其抽样统计结果有 99% 概率使抽样统计的结论都达到 90 分以上的话。则称该抽样方式具有 99% 的可靠性实现 90 分以上的准确性。

本发明经过实验证明（实验数据详见表1：准确性、可靠性试验），在任意大群体中，当随机抽样人数达到 50 人，准确性 96.08% 的可靠性是 99%，期望值为 99.6%；当随机抽样人数达到 80 人，准确性 98.81% 的可靠性是 99%，期望值为 99.82%；当随机抽样人数达到 100 人，准确性 99.3% 的可靠性是 99%，期望值为 99.88%。

表1：准确性、可靠性试验

总样本数 207，每个统计人数从中随机抽取 30000 次，将随机抽取群体的满意度统计曲线的准确性从高到低排列，表1 的具体内容如下：

随机抽取统计人数	抽样次数	99.99%可靠性	99.90%可靠性	99.80%可靠性	99.70%可靠性	99.6%可靠性	99.50%可靠性	99.00%可靠性	98.00%可靠性	97.00%可靠性	96.00%可靠性	95.00%可靠性	期望值
20	30000	88.96%	89.93%	90.25%	90.56%	90.56%	90.87%	91.47%	92.05%	92.63%	93.2%	93.77%	98.73%
30	30000	89.93%	90.87%	91.47%	91.76%	92.05%	92.05%	92.92%	93.77%	94.63%	95.49%	96.12%	99.2%
40	30000	90.87%	92.05%	92.34%	92.63%	92.92%	93.2%	94.06%	95.49%	96.98%	97.63%	98.05%	99.45%
50	30000	91.76%	92.92%	93.2%	93.77%	94.06%	94.34%	96.08%	97.63%	98.43%	98.51%	98.76%	99.6%
60	30000	92.92%	94.06%	94.91%	95.49%	96.08%	96.68%	98.05%	98.51%	98.76%	98.81%	99.06%	99.71%
70	30000	93.49%	95.49%	96.68%	97.59%	98.05%	98.2%	98.51%	98.81%	99.06%	99.07%	99.07%	99.78%
80	30000	94.06%	96.38%	98.05%	98.43%	98.51%	98.76%	98.81%	99.06%	99.07%	99.3%	99.3%	99.82%
90	30000	95.49%	98.51%	98.76%	98.76%	98.81%	98.81%	99.06%	99.3%	99.3%	99.31%	99.51%	99.85%
100	30000	98.43%	98.81%	98.81%	99.06%	99.06%	99.07%	99.3%	99.31%	99.51%	99.51%	99.53%	99.88%

因此，本发明中群体对于纠纷处理的决定具有可重复性，该统计的结论具有唯一性。

一种在线统计群体满意度的方法在群体决策中的应用，其特征在于，包括以下步骤：

（a）确定需要决策的事件：由决策发起人作为统计发起人对事件进行表述，视事件类型，需要指定当事人时，应指定当事人；

（b）确定统计群体：统计发起人确定统计在哪个群体进行，使统计发起人在指定的群体中完成统计；

（c）确定需要决策的候选方案作为赋值选项：由群体预先列出各种具体的候选方案作为赋值选项；可由统计发起人自行设定，或者统计发起人向群体征求意见后设定；

（d）确定参与赋值者：在群体的全体成员内随机抽取参与赋值者，或者选择群体的全体成员为参与赋值者，确定后通过网络对参与赋值者发送参加赋值的请求；

（e）参与赋值者对赋值选项进行满意度赋值：参与赋值者接受赋值请求并进入赋值流程后，对已经确定的赋值选项给出相应的满意度赋值；满意度赋值是参与赋值者的满意度表达，满意度赋值以数值形式或曲线形式存在，满意度值在 $-N$ ～ $+N$ 之间，其中 N 为实数；

（f）根据赋值结果统计出群体最满意的赋值选项：满意度赋值结束后，统计出各赋值选项的群体赋值，对比后得出群体满意度最大的赋值选项即为群体决策的结果。

本发明的有益效果：由于采用上述在线统计群体满意度方法，具有易操作、统计精确的特点，解决了传统方法不能真正表达群体意愿的缺陷；而且由于本发明无需象传统纠纷解决模式那样，引入一个第三方操作者对在线纠纷各方进行调解或仲裁，极大的降低了纠纷解决的成本，提高了纠纷解决的效率。本发明的应用十分广泛，不仅可以应用提案调查、民意调查、群体决策，而且还可以应用于小区管理、网购纠纷、论坛纠纷、Q群纠纷等纠纷处理事件。

附图说明

下面结合附图和具体实施方式对本发明作进一步详细说明：

图 1 为本发明一种在线统计群体满意度的方法的流程图；

具体实施方式

实施例 1：一种在线统计群体满意度的方法在在线解决网购纠纷处理中的应用。

一种在线统计群体满意度的方法在在线解决争议中的应用，包括以下步骤：

a. 确定需要裁决的争议事件：在本纠纠中，购买者某甲和销售者某乙在网络交易中发生了争执，某甲发起解决纠纷请求，描述事件经过，确定事件当事人为某乙，要求对某乙进行裁决，某乙接到通知后，对某甲描述的事件进行补充表述；

b. 确定统计群体：统计发起人确定进行统计的群体为交易网站上的所有成员，包括买家、卖家；

c. 确定对当事人可执行的奖惩措施作为赋值选项：赋值选项可以有多种，例如赏罚某一数值人民币的金钱，禁止交易某一数值的天数；网站约定以赏罚某一数值人民币的金钱作为赋值选项的代表；

d. 确定参与赋值者：在群体的全体成员内随机抽取参与赋值者，利用随机抽样程序，抽取 60 人参与统计，确定后通过网络对参与赋值者发送参加赋值的请求；

e. 参与赋值者对赋值选项进行满意度赋值：满意度范围为 [-10, +10] 的实数，参与赋值者某丙对罚款人民币 2000 元的满意度最高为 10，罚款人民币 1000 元的满意度为 5，罚款 3000 元的满意度为 6，从而得到 3 个点；创建满意度坐标系，坐标系中的 X 轴代表的是赏罚值（单位：元），Y轴代表的是个人对x赏罚值的满意度，根据参与赋值者的赋值结果，使用非对称正态分布密度函数合成参与赋值者在所有定义域上的满意度赋值，并得到个人对惩罚金钱的满意度赋值曲线；

根据赋值结果统计出群体最满意的赋值选项：根据获得的每个参与赋值者对赏罚金钱的满意度赋值曲线，合成出群体对赏罚金钱的满意度赋值曲线，此实施例中 n 为 60，在赏罚的满意度曲线中，在罚款 1800 元选项上群体满意度曲线实现最高满意度数值。满意度最高的点即罚款 1800 元为群体最满意的赋值选项，也是该在线争议的群体裁决结果。

以上所述是本发明的优选实施方式而已，当然不能以此来限定本发明之权利范围。应当指出，对于本技术领域的普通技术人员来说，对本发明的技术方案进行修改或者等同替换，都不脱离本发明的保护范围。

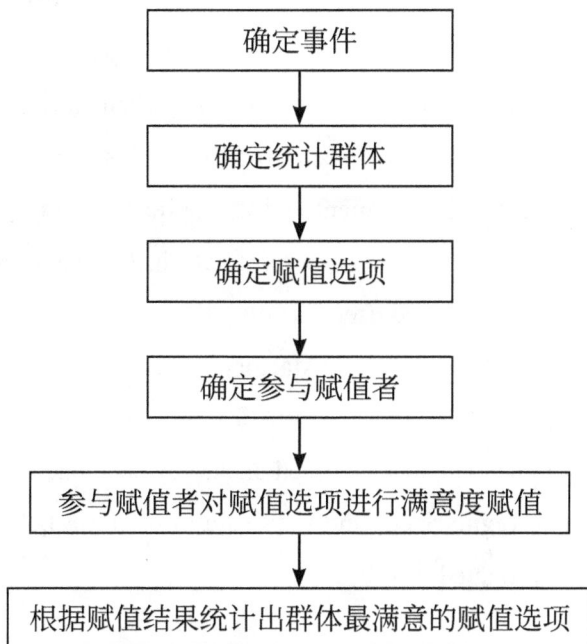

```
┌─────────────────────┐
│      确定事件         │
└─────────────────────┘
           │
           ▼
┌─────────────────────┐
│     确定统计群体       │
└─────────────────────┘
           │
           ▼
┌─────────────────────┐
│     确定赋值选项       │
└─────────────────────┘
           │
           ▼
┌─────────────────────┐
│    确定参与赋值者      │
└─────────────────────┘
           │
           ▼
┌──────────────────────────────┐
│  参与赋值者对赋值选项进行满意度赋值  │
└──────────────────────────────┘
           │
           ▼
┌──────────────────────────────┐
│ 根据赋值结果统计出群体最满意的赋值选项 │
└──────────────────────────────┘
```

Introduction to Justice Theory and its Application ——An Online Statistic Tool for Measuring Customer Satisfactory

Lang Xie, Dalian, China;

Ao Yuan, Department of Biostatistics, Bioinformatics and Biomathematics, Georgetown University, Washington DC 20057, USA

Abstract

In today's commercial sector, to improve the quality of services, more and more behavioral activities are subject to customer evaluations, but how to conduct such evaluations poses new challenges as there is no universally recognized tool for such practice. In this article, we propose and study the theory of judgement and its application to the evaluations of customer satisfactory on commercial activities, based on statistical methods. An easy to use and user friendly online statistic tool is provided for the evaluations of customer satisfactory on commercial activities. The tool is open to public free use. Two statistical methods are proposed for the analysis of customer satisfactory based on survey data, one un-regularized method and one regularized, and the basic asymptotic behavior of the methods are investigated.

Keywords. Customer satisfactory, hypothesis testing, online statistical tool, representation function, reproducing kernel Hilbert space, theory of judgement.

1.Introduction.

... measuring the magnitude of customers' satisfactory for some commercial activities is of practical meaning and general interest to business sectors and the public society. Traditional methods for this purpose require relatively complicated statistical procedures, expert knowledge, expensive sampling, time consuming data collection stages and are not open to public users. We propose two statistical methods for the analysis of such data, one un-regularized which is more natural and simple to use. However, when the observation points are not dense enough, the variation in the estimated curve can be large and the regularized estimation may not have enough smoothness. A common way to overcome this problem is to use a regularized estimation, to force the estimator to have desired smoothness.

...The methods are general, and we concentrate on the case a given penalty awarding scheme for online purchasing activity. For example, a mis-purchasing behavior, such as a shoplifting, should be penalized by a fine of some money; while purchasing a large number of goods should be awarded by some money. A basic question is what's the optimal amount of penalty/award for a given behavior? We assume that such an publicly acknowledged optimal rule exists for each commercial activity A, such optimal rule can be numerically characterized by a curve/function on the real line, we call it population representation function $f(x|A)$, for $x \in S$, or PRF in short. For example, if A be the event of shoplifting an item worth of \$100, then most customers may think a fine of \$200 is the

123

best penalty for A, and the best is characterized by a maximum value of satisfactory extent of 10, and we set $f(200|A)=10$, while a penalty of $100 may not be the best by most customers, it may have a satisfactory extent of 7.2, i.e. $f(100|A)=7.2$, a penalty of $1000 may be too much, so we may have $f(1000|A)=0.65$, and a reward to event A is apparently unacceptable, so $f(x|A)<0$ for all $x>0$ and the least satisfactory extent is -10 for some large $x>0$.

The PRF $f(\cdot|\cdot)$ is unknown, and our objective to estimate it by a simple statistic method, to be described in the next Section.

In Section 2 we introduce the concept of the theory of judgement, the proposed methods, and justify some basic statistical properties, and Section 3 investigate two popular statistical methods: the parametric and nonparametric methods, for this problem. In Section 4, simulation studies are carried out to evaluate the performance of both the parametric and nonparametric methods on this problem. Section 5 gives a brief concluding remark about this problem.

2.The concept of judgement theory

We first give a brief characterization of the PRF $f(\cdot|\cdot)$. Let $\mathcal{A}$ be the set of all commercial events under consideration, apparently for each given $A \in \mathcal{A}$, $f(\cdot|A)$ should be uni-mode on its support S, and monotone on both sides of its mode. To set up the frame work of judgement theory, we need some concepts, terminologies and axioms.

A society group is a set of people, in which each individual is a member of it. The totality of relationships among the members of a society group is called the social events. The set of all social events can be realized in the society group is called the event set. Example 1. A school will elect a chair of its student union among candidates a, b, c and d;

Example 2. A society decide to award a member, for some activity, some money, range from 0 to any positive number; Example 3. A society decide to penalize a member, for some mis-conduct, for some money, range from 0 to any positive number. In example 1, the event set is a finite set, while that in examples 2 and 3 are infinite.

Let A be a event set, if there is a map $f : A \mapsto R$, a subset set of all real numbers, then R is called the event domain. If $x, y \in A$ and $f(x) = f(y)$, then x and y are called equivalent events. In example 1, if we map $\{a, b, c, d\}$ to $\{1, 2, 3, 4\}$, then it is the event domain. In examples 2 and 3 the event domain is the range of the award and penalty respectively. It is apparent that in example 2, an activity should be awarded more if it is favored by more members of the society group; while in example 3, a mis-conduct should be penalized more if it is unfavored by more members of the society group. An event set is called regular if all of its events can be ordered according to favorite among all the members of the society group. Latter on we use Ω to denote the event domain and Γ its regular domain.

Remark 1. The variable of the regular domain is essentially that obtained from the society group for measuring the benefit and loss of its members, often it is in the form of the money equivalent of such values.

Each member of the society group can represent his/her degree of satisfactory for some event $\omega \in \Omega$, and we can use 10 to measure the maximum satisfactory and -10 the least satisfactory. Then for each member u of a society group, there is a function $f_u(\cdot)$ on Ω such that
$$10 \le f_u(x) \le 10, \quad x \in \Gamma.$$

Definition 1. The function $f_h(\cdot)$ given above is called an individual satisfactory judgement function (ISJF).

Suppose the ISJF of a member u in Example 2 is: $f_u(100) = 2$

, $f_u(500)=10$, $f_u(1000)=1$, then it indicates that member u considers awarding 100 Yuan for the activity has a degree of satisfactory with a score 2; awarding 500 Yuan is the maximum and optimal score; while awarding 1000 Yuan is too much, can only get a score of -1. Apparently, by definition of regular domain, for a normal individual such as in Example 2, if he/she consider 500 Yuan is the optimal awarding, then for any other amount of awarding deviating more from 500 Yuan, his/her degree of satisfactory decrease more. So the ISJF should be unimodal.

Definition 2. If the ISJFs of a society group member u is unimodal for all regular events, we say that member u has normal characteristic. If member us ISJF is multi-mode for some events, then u is abnormal.

Definition 3. We call $F(x)=n^{-1}\sum_{u=1}^{n}f_u(x), x\in\Omega$, be the group mean satisfactory judgement function (GMSJF), where n is the number of individuals in a society group.

Definition 4. If $x_0=\arg_{x\in\Omega}F(x)$, then x_0 is called a supreme event of the society group. If such x_0 is unique, then it is called the optimal event.

Definition 5. Let $F(\cdot)$ be the GMSJF, $\Gamma_1=\{x\,|\,x\in\Gamma,F(x)\geq 0\}$, $\Gamma_2=\{x\,|\,x\in\Gamma,F(x)<0\}$. Then $\Gamma=\Gamma_1\cup\Gamma_2$ and $\Gamma_1\cap\Gamma_2=\phi$ the empty set. We call Γ_1 the moral domain, and Γ_2 the in-moral domain.

In this article we study the choices of judgements on events of a society group itself. Below we establish the basic system by some axioms, to insure the self-containment, clearness and completeness of the research results.

We first give the following basic propositions:

1.A society group has finite number of members.

2.Each normal member of the society group has a one-to-one ISJF for all the events he/she interested.

Although judgement for some events can be ambiguous, any member can have a choice of the most satisfactory. i.e., each normal member has a one-to-one ISJF.

3.The ISJF for normal member of the society group is unimodal for each regular event.

4.If the GMSJF is unimodal for a regular event, we call the society group be group regular at this event.

Just like a normal member can be abnormal on some events, a group regular society can also be abnormal on some events. But we consider a society which can evolve successfully should be a regular group. The events and causes which lead to group abnormality will also be the subjects of our study.

Now we summarize the above four propositions as below.

(ⅰ) The society group has finite number of members.

(ⅱ) For each member u of the society group, there is a function $f_u(\cdot):\Omega \mapsto R$ with $10 \leq f_u(\cdot) \leq 10$.

(ⅲ) For regular Ω, all ISJF $f_u(\cdot)$ is unimodal.

(ⅳ) For regular Ω, all GMSJF $G_u(\cdot)$ is unimodal.

If a society is group regular, its sub-group may not be necessarily so. For example, the combined judgement function of those of two confront sub-groups in a society can be bi-modal.

Now based on the above axioms we give several concepts below.

Definition 6. If the behavior of group member u is in Γ_1, we call such behavior of u to be moral, otherwise in-moral.

The above definition enable us measuring the morality of a behavior of the group members. If $F(x) > F(y)$, then the n =morality of x is bigger than that of y.

Definition 7. The judgement maximizing the satisfactory of the society group is called the fair judgement, and the event maximizing the fair judgement is the fair event.

Definition 8. If the fair event be realized in a society group, we call the society group is democratic on this event. If the society is democratic on all events, it is called a democratic society group.

Definition 9. If a society group can realize almost all events belong to 1, then it is called a moral society group.

The axioms are basic mathematical assumptions based on which good properties of the methods can be obtained. For example, on the left side of the mode, it should be increasing and on the right side of the mode it should be decreasing, and so we impose the following axioms.

(i) Uniqueness. For each commercial event $A \in \mathcal{A}$, the expected population satisfactory measurement on A is unique.

(ii) Reliability. For each commercial event $A \in \mathcal{A}$, the satisfactory measurements can be collected from the public group.

(iii) Repeatability. The satisfactory measurement can be examined repeatedly.

(iv) Differentiation. Different members in the public have different evaluation functions.

(v) Existence. Based on a given satisfactory measurement, for each event $A \in \mathcal{A}$, each public group member i has his/her own evaluation function $f_i(\cdot \mid A)$.

(ⅵ) Continuity. For each commercial event $A \in \mathcal{A}$, $f(\cdot | A)$ is uni-mode, increasing on the left of the mode and decreasing on the right of the mode, and is continuous on S.

Based on the above axioms, below we develop methods to measure and infer the satisfactory of a given event from the public. The actual procedure involves collecting data from the public, inferring the results by statistical methods and finalizing the tool for public use.

3.The proposed method.

We first characterize the PRF $f(\cdot | \cdot)$. Let $\mathcal{A}$ be the set of all commercial events under consideration, apparently for each given $A \in \mathcal{A}$, $f(\cdot | A)$ should be uni-mode on its support S, and monotone on both sides of its mode, on the left side of the mode, it should be increasing and on the right side of the mode it should be decreasing, and so we impose the following axiom.

(A). For each fixed commercial event $A \in \mathcal{A}$, $f(\cdot | A)$ is uni-mode: increasing on the left of the mode and decreasing on the right of the mode, and is continuous on S.

Commonly used methods including the parametric method and nonparametric method. The parametric method is efficient if the model is specified correctly, but not robust; the nonparametric method is robust to model specification but not efficient. We will consider both methods described below.

3.1 Parametric method. Assume $S = [a,b]$ be an interval

on R, $-\infty < a < b < \infty$ (a and b known). Let $y_{ij} = f(x_{ij} \mid A)$ and $D_n = \{(x_{ij}, y_{ij}) : i = 1, \cdots, n; j = 1, \cdots, k(n)\}$ be the observed data. In typical applications $k(n) = 3$. Since $f(\cdot \mid A)$ may not be symmetric about its mode, we assume $f(\cdot \mid A)$ to be proportional to the density function of the skewed normal on $[a, b]$:

$$f(x \mid A) = f(x \mid \mu, \sigma, \eta) = 55\phi(x - \eta) / \sigma)\Phi(\eta(x - \mu) / \sigma) - 10,$$

$x, \mu \in [a, b]$ (1)

where $\phi((x - \mu) / \sigma) = \exp\{-\dfrac{(x - \mu)^2}{2\sigma^2}\}$ and $\Phi(x)$ is distribution function of the standard normal $N(0,1)$, μ and σ are the mean and variance parameters, μ is also the mode, and η is the skewness parameter (when $\eta = 0$, the model is symmetric around μ; when $\eta > 0$ ($<$) , the distribution is skewed toward the right (left) of μ). Note that the values of $\phi(x - \eta) / \sigma)\Phi(\eta(x - \mu) / \sigma)$ range from 0 to 1/2 ($\phi(0)\Phi(0) = 1/2$), the range of the y_{ij}'s and $f(\cdot \mid \mu, \sigma, \eta)$ is $[-10, 10]$, and $f(\cdot \mid \mu, \sigma, \eta)$ is unimodal, so this form of $f(\cdot \mid A)$ satisfies axiom (A) and is a reasonable choice of the PRF.

We consider the case $k(n) = 3$ and propose the following model

$$y_{ij} = f(x_{ij} \mid \mu, \sigma, \eta) + a_{ij}, \quad (j = 1, 2, 3; i = 1, \cdots, n),$$

where a_{ij} is the residual which accounts for the departure from the linear specification. Denote $a_i = (a_{i1}, a_{i2}, a_{i3})^T$, we assume the a_i's iid $N(0, \Omega)$, where $\Omega = (\omega_{rs})_{3\times 3}$ is the covariance matrix with 6 unknown parameters to be estimated. Denote $y_i = (y_{i1}, y_{i2}, y_{i3})^T$, $f(x_i \mid \mu, \sigma, \eta) = (f(x_{i1} \mid \mu, \sigma, \eta), f(x_{i2} \mid \mu, \sigma, \eta), f(x_{i3} \mid \mu, \sigma, \eta))^T$, $|\Omega|$ be the determinant of Ω, and $\theta = (\mu, \sigma, \eta, \omega_{rs} : 1 \le r \le s \le 3)$, which is a 9 dimensional parameter. The parameters θ are unknown and to be estimated from the data D_n. Once θ is estimated by $\hat{\theta}$, then $\hat{f}(x \mid A) = f(x \mid \hat{\mu}, \sigma, \hat{\eta})$ is the estimated PRF.

We estimate θ by the following non-linear least squares estimate

$$\hat{\theta} = \arg\min_{\theta \in \Theta}\left(\sum_{i=1}^{n}\left((y_i - f(x_i \mid \mu,\sigma,\eta))^T \Omega^{-1}(y_i - f(x_i \mid \mu,\sigma,\eta))\right) + n\log|\Omega|\right) \quad (2)$$

Confidence band/interval

To get confidence band for the function $\hat{f}(\cdot \mid A)$, we only need to get confidence intervals for $(\hat{\mu},\sigma)$.

Model (1) corresponds to a conditional density for y given x as

$$\frac{1}{\sqrt{2\pi}}\exp\{-\frac{\left((y - f(x \mid (\mu,\sigma,\eta))\right)^2}{2}\} \, ,$$

with a log-likelihood, after leaving out irrelevant constant,

$$\ell(\mu,\sigma,\eta \mid y,x) = -\frac{\left((y - f(x \mid (\mu,\sigma,\eta))\right)^2}{2}$$

Let $\ddot{\ell}(\mu,\sigma,\eta \mid y,x) = \partial^2\ell(\mu,\sigma,\eta \mid y,x)/\left[\partial(\mu,\sigma,\eta)\partial(\mu,\sigma,\eta)^T\right]$, the Fisher information for (μ,σ,η) is $I(\mu,\sigma,\eta) = E_{(\mu,\sigma,\eta)}\left[\ddot{\ell}(\mu,\sigma,\eta \mid Y,X)\right]$. Denote $I^{-1}(\mu,\sigma) = (I^{ij})_{1 \le i,j \le 3}$ be its inverse. Then by property of MLE,
$$\sqrt{n}(\hat{\mu} - \mu) \xrightarrow{D} N(0,I^{11}) , \sqrt{n}(\hat{\sigma} - \sigma) \xrightarrow{D} N(0,I^{22})$$
$$, \sqrt{n}(\hat{\eta} - \eta) \xrightarrow{D} N(0,I^{33}) \quad (3)$$

I^{11}, I^{22} and I^{33} can be conveniently computed by numerical methods, such as repetition (for simulated data) or bootstrap (for real data). Denote $\hat{I}^{11}$, $\hat{I}^{22}$ and $\hat{I}^{33}$ be their numerical approximations.

repetition method: This is used for simulated data. For $j = 1,\cdots,m$ (typically $m \ge 1000$), simulate data D_j from the same model, compute the MLE $(\hat{\mu}_j,\sigma_j,\hat{\eta}_j)$ from (2) based on data D_j. Then

$$\hat{I}^{11} = \frac{1}{m}\sum_{j=1}^{m}(\hat{\mu}_j - \bar{\mu})^2 , \bar{\mu} = \frac{1}{m}\sum_{j=1}^{m}\hat{\mu}_j \,;$$

$$\hat{I}^{22} = \frac{1}{m}\sum_{j=1}^{m}(\hat{\sigma}_j - \bar{\sigma})^2 , \bar{\sigma} = \frac{1}{m}\sum_{j=1}^{m}\hat{\sigma}_j$$

$$\hat{I}^{33} = \frac{1}{m}\sum_{j=1}^{m}(\hat{\eta}_j - \bar{\eta})^2 \; , \bar{\eta} = \frac{1}{m}\sum_{j=1}^{m}\hat{\eta}_j$$

bootstrap method. For each data, we cannot sample it m times as we have only one data. But we can draw bootstrap samples similarly as above, using R package boot( ).

Let $Z_{1-\alpha}$ be the $(1-\alpha)$-th upper quantile of $N(0,1)$. Given a level α (typically $\alpha = 0.05$), to get the $(1-\alpha)\%$ confidence band for the function $\hat{f}(\cdot \,|\, A)$, we only need to get the $(1-\alpha/3)\%$ confidence intervals for μ, σ and η. That for μ is

$$C_\mu(\alpha/3) = \left[\hat{\mu} - Z_{1-\alpha/3}\sqrt{\frac{\hat{I}^{11}}{n}}, \mu + Z_{1-\alpha/3}\sqrt{\frac{I^{11}}{n}}\right],\tag{4}$$

the $(1-\alpha/3)\%$ confidence interval for σ:

$$C_\mu(\alpha/3) = \left[\hat{\sigma} - Z_{1-\alpha/3}\sqrt{\frac{\hat{I}^{22}}{n}}, \sigma + Z_{1-\alpha/3}\sqrt{\frac{I^{22}}{n}}\right],\tag{5}$$

and the $(1-\alpha/3)\%$ confidence interval for η:

$$C_\mu(\alpha/3) = \left[\hat{\mu} - Z_{1-\alpha/3}\sqrt{\frac{\hat{I}^{33}}{n}}, \mu + Z_{1-\alpha/3}\sqrt{\frac{I^{33}}{n}}\right],\tag{6}$$

Sample size calculation. We want to know how many data n needed to grantee $\hat{f}(\cdot \,|\, A)$ falls in its $(1-\alpha)$-th confidence bands with probability at least $1-\alpha$? Note that this question does not make sense, as a $(1-\alpha)$ confidence band is already guaranteed $\hat{f}(\cdot \,|\, A)$ falls in this band with probability $1-\alpha$, for each moderate large sample size n, say $n \geq 2^3 \times 20 = 160$, (3) will be approximately valid.

A sensible question is: for a given number $K > 0$, what is the sample size n needed to guarantee $\hat{f}(\cdot \,|\, A)$ is in the confidence band with width K with probability at least $1-\alpha$? For this we only need to compute the sample sizes needed for $\hat{\mu}$, $\hat{\sigma}$ and $\hat{\eta}$ fall within their confidence intervals with length K with probability at least $(1-\alpha/3)$ (Bonferroni correction).

We want, for some specified K_μ (for example, one may choose $K_\mu = 1.0, 1.5, 2.0$ etc), with $Z \square N(0,1)$,

$$1 - \alpha/3 \le P\left(|\hat{\mu} - \mu| \le K_\mu\right) = P\left(|\sqrt{n}\frac{\hat{\mu} - \mu}{\sqrt{\hat{I}^{11}}}| \le \sqrt{n}\frac{K_\mu}{\sqrt{I^{11}}}\right)$$

$$\approx P\left(|Z| \le \sqrt{n}\frac{K_\mu}{\sqrt{\hat{I}^{11}}}\right) = 1 - 2\left[1 - \Phi(\sqrt{n}\frac{K_\mu}{\sqrt{I^{11}}})\right] = 2\Phi\left(\sqrt{n}\frac{K_\mu}{\sqrt{I^{11}}}\right) - 1$$

or approximately,

$$1 - \alpha/6 \le \Phi(\sqrt{n}\frac{K_\mu}{\sqrt{\hat{I}^{11}}}), \quad \text{i.e.} \quad \sqrt{n}\frac{K_\mu}{\sqrt{\hat{I}^{11}}} \ge Z_{1-\alpha/6}$$

and get

$$n \ge \left(\frac{\sqrt{\hat{I}^{11}} Z_{1-\alpha/6}}{K_\mu}\right)^2$$

Similarly, for some specified K_σ and K_η, we want

$$n \ge \left(\frac{\sqrt{\hat{I}^{22}} Z_{1-\alpha/6}}{K_\sigma}\right)^2, \quad \text{and} \quad n \ge \left(\frac{\sqrt{\hat{I}^{33}} Z_{1-\alpha/6}}{K_\eta}\right)^2$$

These give

$$n \ge \max\left\{\left(\frac{\sqrt{\hat{I}^{11}} Z_{1-\alpha/6}}{K_\mu}\right)^2, \left(\frac{\sqrt{I^{22}} Z_{1-\alpha/6}}{K_\sigma}\right)^2, \left(\frac{\sqrt{I^{33}} Z_{1-\alpha/6}}{K_\eta}\right)^2\right\} \tag{7}$$

For $\alpha = 0.05$, $Z_{1-\alpha/6} = 2.394$.

3.2. Nonparametric method. We replace $f(x|\mu,\sigma)$ by an unspecified unimodal function $f(x)$. Let $\mathcal{F}$ be the collection of unimodal functions on $[-10,10]$. We estimate $f(\cdot)$ by the nonparametric least squares estimate

$$\hat{f}(\cdot) = \arg\min_{f \in \mathcal{F}} \sum_{i=1}^{n} \sum_{j=1}^{k(n)} \left(y_{ij} - f(x_{ij})\right)^2$$

The pooling adjacent violator algorithm (PAVA) can be use to find the order restricted nonparametric maximum likelihood estimate $\hat{f}$ (Robertson et al., 1988; Groeneboom and Wellner, 1992), such as the R-code ufit or isoreg (Best and Chakravarti, 1990).

It is known that under regularity conditions, $\hat{f}(\cdot)$ is uniformly consistent to the true $f_0(\cdot)$:

$$\sup_{x \in [-10,10]} |\hat{f}(x) - f_0(x)| \xrightarrow{a.s.} 0 ,$$

and with $f(x)$ be the derivative of $f(x)$, and $\mathbb{B}(\cdot)$ be the two-sided Browning motion start from 0,

$$n^{1/3}\left((\hat{f}(x) - f_0(x))\right) \xrightarrow{D} \left((4|\dot{f}(x)|f(x))\right)^{1/3} \arg\min_{h \in R}\{\mathbb{B}(h) + h^2) .$$

Simulation study

Simulations are carried out for both the parametric and nonparametric methods. Parametric method. The parametric method is efficient, so only small sample size $(n = 20, 50, 100)$ is considered. Data are simulated from model (1), several different parameter sets are used. The real parameters, estimated parameters and the estimated standard deviations, both are computed via 1000 repetitions, are reported in Table 1. We see that the estimates of mean (μ) and standard deviation (σ) are quite accurate, the estimate of the skewness parameter η is not so accurate but still reasonable.

Table 1. Parameter estimation for simulated data

		μ	σ	η
	Real	-3.000	5.000	5.000
n=20	MLE	-2.993	4.995	6.318
	s.d.	0.363	0.305	1.088
	Real	-3.500	5.500	6.000
n=50	MLE	-3.506	5.508	6.226
	s.d.	0.222	0.193	0.929
	Real	-4.000	6.000	7.000
n=100	MLE	-4.018	6.015	7.358
	s.d.	0.169	0.147	0.825

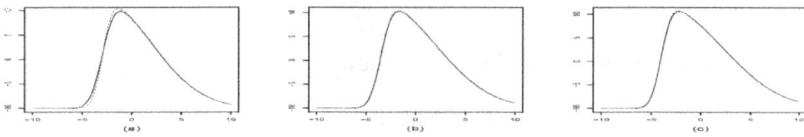

Figure 1: function estimate for simulated data

The corresponding estimated curve and the true curve are shown in Figure 1. We see that the estimated curve and the true curve are almost identical, even for such small sample size.

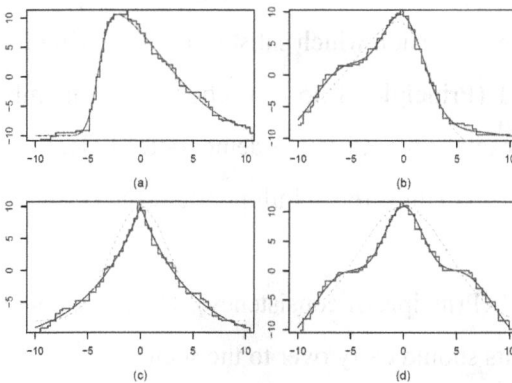

Figure 2: Black solid line: true function; orange dashed line: parametric estimate; blue step line: nonparametric estimate.

Nonparametric method. In this case, data from four different curves are simulated, with the same variation as for the parametric model. Since nonparametric method requires relatively large sample size, the data sample size is $n = 100$ for all the cases. The parametric and nonparametric models are used to estimate the curves. The results are displayed in Figure 2. From this figure we see that if the true curve is skewed normal density function, as in (a), the parametric estimate (almost overlay with the true curve) is much better than the nonparametric one; However when the true curve is not a skewed normal density function, as in (b), (c) and (d), the parametric estimate can be seriously biased, and the nonparametric estimates are much better.

The real functions in Figure 2 are below.

(a): $f(x \mid A) = 55\phi((x+4)/6)\Phi(7(x+4)/6 - 10$;

(b): $f(x \mid A) = 80\big(\phi((x-0)/2) + \phi((x+5.5)/3) + \phi((x-2)/9)50 - 12$;

(c): $f(x \mid A) = 17.5\exp(-|y|/6) - 12$;

(g): $f(x \mid A) = 50\big(\phi(x/2) + \phi((x+5.5)/3 + \phi((x-5.5)/3)\big) - 11$.

5.Concluding remarks. Our results has an implication for the well known impossibility theorem of Arrow (Arrow, 1970; 1983). It states that there is no optimal decision which satisfies the following four conditions.

Condition 1 (Principle of no restriction). Each member of a society can have his/her own alternatives, or democratic choices.

Condition 2 (Principle of independence). Different choices are independent.

Condition 3 (Principle of consistency). The individual altitude toward any pair of events should carry over to the society.

Condition 4 (Principle of non-dictatorship). Any individual choice can not be imposed on the society.

In other words, Arrow's theorem says that when the alternatives of all social members are known, it is impossible to get the public choice which accurately represents the alternatives of all the social members.

Based on our simulation studies, the PRF can be estimated accurately by either the parametric and nonparametric methods, and we can get the following Corollary of based on Arrow's theorem.

Corollary. Under the following assumptions, no matter how big the member group, accurate PRF can be obtained using only the information from a small number of members.

Assumption 1. All the ordering relationships from the collection of all choices are practical.

Assumption 2. For any pair of choices (x, y), if $x \geq y$ for all individuals, then $x \geq y$ by the decision rule; and $x = y$ if and only if $x = y$ for all individuals.

Assumption 3. For any pair of choices (x, y), if x > y for all individuals, then in the next vote we should have $x > y$.

Assumption 4. If there is no ordering change in any two decision processes, then it is so for the final decision.

Assumption 5. There is no individual such that for any pair of choices (x, y), if this individual determines $x > y$, then the decision is $x > y$.

Under the above five assumptions, there is (and in most cases it is unique) an optimal choice representing the maximum satisfactory of all the members. This is incontrast to Arrow's theorem of impossibility.

REFERENCES

Arrow K. (1970). Social Choice and Individual Values, Second

Edition, by Cowles Foundation, Yale University.

Arrow K. (1983). Social Choice and Justice, Vol. 1, The Belknap Press of Harvard University Press Cambridge, Massachusetts.

Best, M.J., Chakravarti, N. (1990). Active set algorithms for isotonic regression; a unifying framework. Mathematical Programming, 47, 425439.

Groeneboom, P. and Wellner, J.A. (1992). Information Bounds and Nonparametric Maximum Likelihood Estimation. Cambridge University Press. New York.

Robertson, T., Wright, F.T., Dykstra, R. (1988). Order Restricted Statistical Inference, John Wiley & Sons, Chichester, New York, Brisbane, Toronto, Singapore.

什么是3？

　　显然存在、集合、可表述等等是所有集合的共性，记为 u，3 就是与 {风，马，牛} {气，树，纸} {数，电，土} 这些集合元素相同的所有集合去除 u 的那个共性。

作者简介

作者：谢朗

1971 年 -1977 年，在沈阳一家机械厂当技术工人。

1978 年 -1982 年，四川大学数学系本科生。

1982 年 -1985 年，南开大学数学系硕士研究生。

1985 年 -1987 年，美国伊利诺伊大学分校数学系留学。

1987 年 -1997 年，大连辽宁师范大学数学系任教，主要从事代数拓扑、同伦论、阻碍论、现代控制理论等领域学术研究，在大学任教期间教授过西方经济学。

目前退休。

www.ingramcontent.com/pod-product-compliance
Lightning Source LLC
Chambersburg PA
CBHW071659210326
41597CB00017B/2248